Nils Petrat

Eine Sache des Vertrauens
Mitten im Leben glauben

NILS PETRAT

EINE SACHE DES VERTRAUENS

Mitten im Leben glauben

BONIFATIUS

Bibliografische Information der Deutschen Nationalbibliothek:
Die Deutsche Nationalbibliothek verzeichnet diese Publikation in der Deutschen Nationalbibliografie; detaillierte bibliografische Daten sind im Internet über http://dnb.d-nb.de abrufbar.

Klimaneutrale Produktion.
Gedruckt auf umweltfreundlichem, chlorfrei gebleichtem Papier.

MIX
Papier aus verantwortungsvollen Quellen
FSC® C083411

Umschlaggestaltung: Weiss Werkstatt München, werkstattmuenchen.com
Umschlagfoto: Erzbistum Paderborn
Satz: Bonifatius GmbH, Paderborn
Druck und Bindung: CPI books GmbH, Leck
Printed in Germany

ISBN 978-3-89710-892-9

Weitere Informationen zum Verlag:
www.bonifatius-verlag.de

„Das Wagnis Glaube, Gott zu vertrauen,
führt mich in einen Raum der Verbundenheit,
der Geborgenheit und der neuen Identität.
Ich betrete sinnbildlich heiligen Boden.
Äußerlich betrachtet ist diese Erfahrung
eher unspektakulär, aber in meinem Innern
entdecke ich einen neuen Kontinent.
Darin besteht für mich das Abenteuer Glaube.“

Nils Petrat

Inhalt

Mitten im Leben

Samstagabend, weit und breit ist nix los. Ich entscheide mich, noch eine Runde zu gehen durch mein Viertel. Rausgehen kann ja nicht schaden, nach diesem irgendwie schweren und anstrengenden Tag.

Alles scheint wie gehabt: leere Straßen, die ersten Frühlingsboten in den Vorgärten, frische Luft und etwas Abendsonne. Meine Gedanken wandern hin und her.

Dann, etwa nach der Hälfte meiner Runde, begegne ich einem Jungen. Er ist circa sieben oder acht Jahre alt und mir absolut fremd. Schnurstracks kommt er mir auf dem Gehweg entgegen und spricht mich an: „Darf ich Ihnen einen Kartentrick zeigen?"

Ich bin völlig perplex. Noch nie hatte mich auf meiner Abendrunde jemand Fremdes angesprochen, geschweige denn ein kleiner Junge. Und dann solch eine überraschende Frage. Was solls? „Ja, gerne", antworte ich ihm spontan.

Der Junge strahlt. In meinem Hinterkopf fängt es aber schon zu rattern an: Was passiert hier gerade? Gibt es da einen Haken? Will der nachher Geld von mir?

Er beginnt seinen Trick. Ich soll eine Karte aus dem Stapel ziehen, mir das Blatt anschauen und merken. „Haben Sie sich alles gemerkt?" – „Ja!" Nun nimmt der Junge seine Kappe, die er auf seinem Kopf trug, ab und zeigt mir die Unterseite. Darauf war eine Karte eingestickt und er fragt: „Ist das die Karte, die Sie gezogen haben?"

Tatsächlich! „Ja, das ist genau die Karte, die ich mir gemerkt habe", bestätige ich dem Jungen, der nun noch mehr strahlt, sich die Kappe wieder aufsetzt und zu mir sagt: „Dann wünsche ich Ihnen jetzt noch einen schönen Abend." Lächelnd zieht er an mir vorbei und setzt seinen Weg fort.

Was war das denn, frage ich mich. Ich merke, wie irritiert ich über die überraschende Begegnung mit dem Jungen bin. Aber ich spüre, wie in mir auf einmal große Freude aufsteigt und auch ich lächeln muss.

Meine Stimmung veränderte sich komplett. Jegliche Schwere, die Sorgen und der ganze Ballast, den ich auf meine Abendrunde mitgenommen hatte, waren auf einmal verschwunden. Durch diese Begegnung. Der Abend war gerettet, sogar das weitere Wochenende verlief von da an anders.

So etwas hatte ich bis dahin noch nie erlebt und habe ich seitdem auch nicht wieder: Ein Junge mit einem Kartentrick holt mich aus meinem Loch und schenkt mir etwas Leichtigkeit und Zuversicht. Vielleicht war das Ganze bloß ein Zufall, vielleicht aber auch mehr. Auf meinem Weg nach Hause denke ich daran: Das war so, als wäre dir Jesus begegnet. Mitten im Leben. Völlig unerwartet, aber mit ganz viel positiver Kraft und Ausstrahlung.

Vielleicht dauert es nur wenige Minuten, dann ist diese Begegnung wieder vorbei, doch du bleibst zurück anders als bisher: mit einem Lächeln auf den Lippen und einem inneren Frieden und einer Gelassenheit im Herzen.

Einleitung

„Glauben Sie das wirklich?" – Diese Frage wird mir als Priester immer wieder gestellt. Nach Gottesdiensten, in denen ich über einzelne Glaubensfacetten gepredigt habe, wie auch in persönlichen Gesprächen. Andere haben mir schon häufiger zurückgespiegelt: *„Sie machen mir Hoffnung; wenn jemand wie Sie daran glaubt, dann erleichtert mir das auch den Zugang …"*

Die Frage nach der Glaubwürdigkeit der christlichen Botschaft ist somit über die Jahre zu einem Topthema meines Wirkens und Lebens geworden. Mit ihr habe ich auch persönlich lange gerungen: Ist die ganze Sache mit diesem Jesus wahr? Kann ich dem trauen, was in der Bibel steht? Und dann noch die Geschichte mit der Kirche … viele Fragen sind da, aber auch eine tiefe Einsicht: Es ist am Ende eine Sache des Vertrauens.

Daher habe ich mich entschieden, dieses Buch zu schreiben. Ich möchte davon erzählen, warum ich der christlichen Botschaft vertraue, was das Ganze mit einer Grundahnung, mit der Bibel und natürlich mit Jesus Christus zu tun hat. Dabei spielen Beispiele von Menschen, denen ich begegnen durfte, eine wichtige Rolle. Menschen, die Glaubenserfahrungen gemacht haben – positiver wie fragender Art: Wie wirkt sich der Glaube konkret auf das Leben aus? Kann man da was „spüren"? Das habe ich mir doch nur eingebildet, oder?

Inspiriert sind die Gedanken in diesem Buch von meinen Erfahrungen als Seelsorger, besonders von den vielen Jahren als Studierendenpfarrer und Dompastor in Paderborn. Sie spiegeln aber auch meine ganz persönliche Suche und den zurückgelegten Weg des Vertrauens wider. Beides begann bei mir als ich etwa 15 war. Auf solch einen Weg, eine spirituelle Reise, möchte ich Sie nun gerne mitnehmen.

Zu einer Reise gehört, dass man auf dem Weg innehält, ausruht, eine Etappe nach der anderen nimmt und manchmal erneut zu einem bereits besuchten Ort zurückkehrt. So dürfen Sie an dieses Buch herangehen. Es muss nicht in einem von Anfang bis Ende gelesen werden, Sie können es in Etappen lesen, an beliebigen Stellen verweilen oder auch gleich an interessante Abschnitte springen. Letztlich habe ich versucht, so vielseitig wie möglich, ein spirituelles Panorama zu schaffen, auf das man aus unterschiedlichen Perspektiven schauen und zugehen kann. Da es dabei schon auch recht persönlich wird, switche ich ins Du. Ich hoffe, du nimmst mir das nicht übel. Danke schon da für deinen Vertrauensvorschuss!

Das Buch verstehe ich als Einladung wie auch als Ermutigung, sich bewusst auseinanderzusetzen mit der eigenen Beziehung zu Gott. Welche Hindernisse muss ich überwinden, um Gott Vertrauen zu schenken? Wem vertraue ich mich da eigentlich an? Und wie geschieht der „erste Schritt", die Kontaktanbahnung zwischen Gott und mir als Mensch? Wo fange ich an? Oder widerfährt mir Gott einfach so? Unmittelbar? Mitten im Leben?

Ich lade dich ein, mit all deinen Fragen dieses Buch zu lesen. Und ich wünsche mir, dass du dabei einen Freiraum für sie und deine Suche erlebst und zugleich Inspiration und

Orientierung findest, die dir im Alltag helfen. Vielleicht steht am Ende ja dann für dich eine Sache fest. Dass da ein großes Ja entstanden ist, dass du es wagen möchtest, zu glauben.

1. Faktencheck: Glaube heute

Woran glaubst du? Diese Frage kann die Stimmung an einem gemütlichen Abend unter Umständen ganz schön runterreißen. In Freundes- und Familienkreisen scheint es heute kaum eine intimere und tabuisierte zu geben als eben diese: Wie hältst du's mit der Religion?

Die Gretchenfrage ist umweht von massiver Sprachlosigkeit und auch von erstaunlich großer Scham. Die „Zeit"-Journalistin Verena Friederike Hasel schrieb in einem Leitartikel zum Thema „Glaube in Deutschland" mal sehr treffend: „Jemanden zu fragen, wie er sich das Jenseits vorstellt, ist etwa so, als würde man sich erkundigen, ob er regelmäßig masturbiert."[1]

Ein Aha-Erlebnis war für mich in diesem Zusammenhang eine Sendung der Talkshow „Kölner Treff" mit Bettina Böttinger im WDR-Fernsehen, die ich gerne schaue. Darin war die Autorin Husch Josten zu Gast, die einen Literaturpreis für ihren Roman über den Glauben erhalten hatte. Das Buch hieß „Land sehen" und wurde im Internet beworben mit den Sätzen: „Du kannst nicht vielleicht glauben. Du tust es. Oder eben nicht." Im Zuge des Talks mit dieser Autorin stellte Bettina Böttinger die Frage in die Runde ihrer Gäste: „Woran glaubst du?" Bei den darauffolgenden Antworten war ich echt fassungslos. Die bekannte Sängerin Sarah Connor zum Beispiel, eigentlich eine toughe und weltgewandte Frau, fabulierte, dass sie „an das Universum glaube, an Energien";

ja, und sie glaube „an die Grundwerte". Applaus des Publikums. Ein Schauspieler meinte: „Ich glaube an gar nichts." Und auf Rückfrage dann: „Ich glaube an mich." Applaus des Publikums.

Geht's eigentlich noch? Da sitzen sehr eloquente Persönlichkeiten, die ihre eigenen Projekte höchst professionell, spannend und sympathisch schildern können. Und bei der Frage nach dem Glauben setzt es dann auf einmal bei ihnen aus. Die Autorin Josten antwortete selbst übrigens: „Ich glaube an Gott. Ich bin katholische Christin." Prompt kam die Nachfrage der Moderatorin: „Kann man das noch so sagen, ohne das Thema Missbrauch zu nennen?" – Antwort der Autorin: „Ja." Punkt! Kein Applaus des Publikums.

Für mich wird hiermit die stimmungsmäßige „Großwetterlage" zum Thema Glauben sehr gut eingefangen. Viele empirische Studien belegen auch, dass der Glaube an christliche Grundelemente wie die Schöpfung der Welt durch Gott, die Gottessohnschaft und Mittlerschaft von Jesus Christus oder die Hoffnung auf die Auferstehung der Toten und ein paradiesisches „Jenseits" schwindet und mehr und mehr verdunstet.[2] Das „alte Europa" hat seinen christlichen Glauben verloren oder ist kurz davor.

Glaube ist eine Sache zwischen dir und Gott. Und zwar eine Sache des Vertrauens.

Kirche und Glaube

Allerdings bedeutet das nicht, was vielfach schon beschrieben wurde, dass das Thema „Religion“ generell von der Bildfläche verschwindet. Da sind zum einen die Präsenz und die Sichtbarkeit der Religion des Islam zu beobachten und zum anderen gibt es einen gewissen Trend zu einer „entkirchlichten Spiritualität“, den einige „Patchwork-Religiosität“ nennen. Wie man es nun dreht und wendet: Die christliche Religion, die in unseren Breiten ja immer auch ihre kirchliche Ausdrucksform mit einschloss, steckt in einer tiefen Krise. Und während bei der Frage „Woran glaubst du?“ eher herumgedruckst wird, sind die Antworten auf die Frage „Wie hältst du‘s mit der Kirche“ mittlerweile ziemlich eindeutig und fallen recht auskunftsfreudig aus.

In meinem Kontext ist mit Kirche ja fast immer die katholische Kirche gemeint. Die Meinungen zu ihr sind oft gepfeffert: komisch, uncool, altmodisch, undemokratisch, frauenfeindlich, homophob, regiert von alten Männern. Wobei das noch die harmloseren Aussagen sind. Wenn es um das Thema „Missbrauch in der Kirche“ geht, fliegen verbal schon ganz schön die Fetzen.

Wie emotional das Thema besetzt ist, habe ich selbst auch schon mal am eigenen Leib erfahren: Vor einigen Jahren war ich spätabends mit einigen Priesterkollegen in der Innenstadt von Münster unterwegs. Wir kamen von einem eher förmlichen Abendessen und trugen alle die schwarze Priesterkleidung. Als wir dann einer Gruppe schon etwas alkoholisierter

Männer begegneten, pöbelten diese uns direkt an und beschimpften uns mit der Parole: „Ihr seid doch alle pädophil!"

Dieser verbale Schlag ins Gesicht hatte gesessen. Und mir ist da ein für alle Mal deutlich geworden: Das Thema Missbrauch ist eine klaffende Wunde in meiner Kirche. Wenn wir hier nicht in der Aufarbeitung, Prävention und „Heilung der Wunden" weiterkommen, dann ist die Kirche nicht mehr zu retten. Denn sonst ist all ihre Glaubwürdigkeit verspielt. Wen wundert es da noch, dass viele Medien angesichts der Geschehnisse in Köln mittlerweile die Grundsatzfrage stellen: „Ist die Kirche noch zu retten?" Oder sie – so wie der „Spiegel" – das Bodenpersonal der Kirche als „Gottes ignorante Diener"[3] bezeichnen.

Fakt ist: 2019 sind knapp 273.000 Menschen aus der katholischen Kirche ausgetreten, 2020 schon wieder weit über 200.000. Auch die evangelische Kirche verzeichnet hohe Austrittszahlen. Die Gründe für die Austritte sind verschieden.[4] Jahrelange Entfremdung, die finanzielle Seite der Frage wegen der Kirchensteuer und ein fehlender Bezug zu einer ansprechenden Gemeinde oder attraktiven kirchlichen Angeboten spielen sicher eine wichtige Rolle; auch die schon benannte allgemeine Glaubensverdunstung. Ein weiterer wichtiger Faktor ist zudem der Vertrauensverlust. Laut einer „Spiegel"-Umfrage vom Mai 2021 halten 57 Prozent der Katholiken ihre Kirche für wenig oder gar nicht vertrauenswürdig, bei den ehemaligen Katholiken sind es sogar 91 Prozent.

Die Frage wird daher drängender: Brauchen wir die Kirche noch?

Die Covid-19-Pandemie hat diese Frage zusätzlich weiter angeschärft: Im vielleicht größten Menschheitsdrama nach dem Zweiten Weltkrieg haben viele die Kirche und ihre Amtsträger als unsichtbar und unbedeutend erlebt. Dabei sind wir doch eigentlich die Experten für die existenziellen Fragen des Lebens, wenn es um Leiden, Trauer und Tod geht.

Beim Thema Kirchenaustritt haben die Erschütterungen längst auch mein privates Umfeld erreicht. Ein guter Seismograf ist mir da meine Jugendclique aus dem Ruhrgebiet. Immer kurz nach Weihnachten treffe ich mich mit drei anderen Jungs von früher in der Heimat. Während wir an den Festtagen 2018 noch alle katholisch waren, stand ich ein Jahr später auf einmal als einziger Katholik da: Zwei waren mittlerweile ausgetreten und einer war zur evangelischen Kirche konvertiert. Ich möchte es mir lieber nicht ausmalen, wie es ganz generell in meinem Abi-Jahrgang (2000) aussieht: Wie viele der rund 100 Personen, die heute alle so um die 40 Jahre alt sind, mögen wohl noch Kirchenmitglieder sein?

Glaube und Tun

Der große Vertrauensverlust der Kirche beeinflusst auch die Frage nach dem Glauben. Denn für viele Menschen hängt die Hinwendung oder Abkehr vom christlichen Glauben eng zusammen mit dem, was die Kirche tut, sagt oder lässt. Ist oder erscheint das Tun und Sagen der Kirche in gewissen Bereichen unglaubwürdig oder doppelbödig, wachsen die Zweifel, ob der Glaubensbotschaft der Kirche zu trauen ist. Jeder Skandal in der Kirche rund um Geld, Sex oder Macht wirft für viele „normale Gläubige" einen Schatten auf die kirchliche Verkündigung. Wenn sich bestimmte Gruppen von Menschen von der Kirche zurückgesetzt und ungerecht behandelt oder von Wortmeldungen von kirchlichen Vertretern oder von „Rom" gar beleidigt fühlen, dann stellt sich für viele die Frage, wie das mit dem hoffnungsfrohen, barmherzigen und wahrhaft inklusiven Evangelium zusammenzubringen ist. Hier entstehen Risse und Wunden, die nicht so leicht zu kitten und zu heilen sind.

Der aktuelle Zustand der Kirche schadet demnach auch der christlichen Botschaft. Das tut mir sehr weh. Denn ich halte das Evangelium und insbesondere die Person und das Lebensschicksal von Jesus Christus für absolut überzeugend und vertrauenswürdig. Dieser Jesus ist wie ein Licht und aus meiner Sicht ist es die Aufgabe der Kirche, diesem Licht zum Strahlen zu verhelfen. Ganz im Sinne der ermutigenden Worte aus der Bergpredigt: *„Ihr seid das Licht der Welt. Eine Stadt, die auf einem Berg liegt, kann nicht verborgen bleiben [...]. So soll euer Licht vor den Menschen leuchten, damit sie eure guten Taten sehen und euren Vater im Himmel preisen"* (Matthäus 5,14ff).

Mit diesen Worten benennt Jesus ganz klar: Erfahren die Menschen bei den Christen und der Kirche etwas vom göttlichen Licht und erkennen deren gute Taten, dann wird auch ein Weg zu Gott und zum Lobpreis Gottes geöffnet. Daher ist es so schmerzhaft, wenn viele Menschen – oft zu Recht –

den Eindruck haben, dass die Kirche das Licht Christi eher hinter kalten Paragrafen und „gnadenlosen“ Kategorisierungen und Entscheidungen dimmt oder nahezu auslöscht. Dabei will die Kirche doch auch laut eigenem Bekunden einen gnädigen und liebenden Gott verkünden. Nur leider wirkt sie oft wie die Verkünderin eines großen Neins statt eines bedingungslosen Jas.

Das persönliche Wagnis

Für mich ergeben sich daraus zwei Folgerungen: Zum einen geht es darum, die Spannung und die Unterschiede zwischen „der“ Kirche und dem persönlichen Glauben auszuhalten und einen gewissen Spagat zu wagen. Ich weiß, es gibt keine hundertprozentige Deckungsgleichheit zwischen meiner Vorstellung vom Evangelium, meinen Glaubensidealen und der real existierenden Kirche und übrigens auch meines konkreten Versuchs, den Glauben zu leben und Kirche zu gestalten. Ich plädiere daher dafür, nicht nur zu dekonstruieren und nur das Schlechte zu sehen, sondern auch positiv Kirche zu konstruieren, mitzuprägen und trotz allem Leiden an der Kirche und aller Abgründe die Verbindung zu halten und vielleicht sogar die Kirche neu schätzen und lieben zu lernen.

Zum christlichen Glauben gehört immer auch die Gemeinschaft, die Vernetzung von Vergangenheit und Zukunft, das größere Ganze. Ohne tragende Glaubensgemeinschaft, also ohne Kirche, ist eine beständige christliche Existenz für mich kaum oder gar nicht denkbar. Daher habe ich die Kirche noch nicht aufgegeben und möchte vor allem in Kapitel 9 zeigen, wie man in der Kirche Gott „livehaftig" erfahren kann. Ich bin überzeugt, jeder und jede kann einen Platz in der Kirche finden.

Zum anderen scheint es aber zugleich Gebot der Stunde zu sein, der ganz persönlichen, individuellen Ebene des Glaubens große Aufmerksamkeit zu schenken – weg von den Negativmeldungen über Kirche und ihre Vertreter und weg von bloßen allgemeingesellschaftlichen Trends.

Der Glaube richtet sich zunächst an das Du, an das konkrete und persönliche Du. Und damit sind wir wieder bei der Frage vom Anfang des Kapitels: Woran glaubst du?

Glaube ist eine Sache zwischen dir und Gott. Und zwar eine Sache des Vertrauens. Kannst du dich von Jesus, von seinem Evangelium, vom Licht des Glaubens angesprochen fühlen? Lösen die Worte Jesu, die Hoffnung des Glaubens eine Resonanz in dir aus? Dazu möchte ich in den folgenden Kapiteln meine zentralen Gedanken mitteilen und aufzeigen, inwiefern Glaube bedeutet, das Wagnis Vertrauen einzugehen.

2. Glaube bedeutet Vertrauen

Nicht nur die Kirche und viele christliche Gemeinschaften haben ein Glaubwürdigkeitsproblem und leiden unter Vertrauensverlust. Auch bei anderen gesellschaftlichen Gruppen und Institutionen gerät etwas ins Wanken. Werden sie durch Skandale erschüttert, gelten sie daraufhin als wenig vertrauenswürdig. Das betrifft politische Parteien genauso wie Interessensverbände, Automobilkonzerne, Sportvereine, und zwar nicht nur den DFB, bis hin zu kleinen Ortsgruppen. Denkt man daran, kommen einem eigene Bilder aus der Vergangenheit und entsprechende Skandale in den Kopf. Doch die damit schnell verbundene Einsicht „auch andere haben viel Dreck am Stecken" macht selbstverständlich das Tun und Lassen der Kirche nicht besser. Der Blick auf „die anderen" ist mir an dieser Stelle nur wichtig für die Gesamteinordnung, um zu verdeutlichen, wie ausschlaggebend Glaubwürdigkeit und wie fatal ein Vertrauensverlust für eine Gemeinschaft oder Gruppe sind.

In unserem Alltag wissen wir aus eigener Erfahrung: Werte wie Vertrauen, Verlässlichkeit, Verantwortung und Treue können in unseren Beziehungen enttäuscht werden. Wir erleben Beziehungen, Cliquen, Partnerschaften und Ehen als zerbrechlich. Für Liebe und Freundschaft gilt so gesehen auch das treffende Bild, das der Apostel Paulus in der Bibel für den Glauben benutzt. Nämlich dass wir diesen Schatz in „zerbrechlichen Gefäßen" tragen (vgl. 2. Korinther 4,7). Es handelt sich um fragile und daher um besonders schützenswerte Güter. Wohl gerade deshalb ist da bei vielen, insbesondere bei jungen Menschen, eine große Sehnsucht nach Klarheit, verlässlichen Haltungen und Werten. In Umfragen werden regelmäßig Familie und Freunde als die beiden wichtigsten Werte für das Leben angegeben.

Nach Ansicht einiger Zukunftsforscher ist die Familie sogar die neue Glaubensgemeinschaft der Deutschen: Die Menschen könnten einfach nicht anders, als im Leben an etwas Unangreifbares zu glauben, um den Halt und Sinn des Lebens nicht zu verlieren; daher „glaubten" sie vor allem an die Familie, weil sie ohne das Gefühl der Geborgenheit nicht leben könnten.[5] Gerade in der letzten Zeit, insbesondere verstärkt nach den Erfahrungen in der Coronapandemie, werden vor allem von Psychologen und Soziologen gute Freunde und tragende Freundschaften als noch zentraler als die Familie angesehen. Und wissenschaftliche Studien zeigten immer wieder, dass sich Beziehungen positiv auf Körper und Seele auswirken würden. Wer von guten Freunden umgeben sei, habe sogar eine höhere Lebenserwartung.[6] Der Psychologe und „Freundschaftsforscher" Wolfgang Krüger stellt dazu fest: „Herzensfreundschaften dauern länger als viele Ehen." Und weiter: „Wir brauchen Freundschaften quasi als den Ort einer großen Verlässlichkeit im Leben."[7] Das alte Lied der

Glauben heißt, sich auf etwas zunächst Unbekanntes einzulassen

Comedian Harmonists „Ein Freund, ein guter Freund, das ist das Beste, was es gibt auf der Welt" hat demnach nichts von seiner Gültigkeit verloren.[8]

Ein Zeitalter des Vertrauens?

Die Bedeutung und Wertschätzung von Freundschaft und Familie lassen sich wohl auch einordnen in eine aktuelle Großwetterlage, in der in vielen Kontexten der Slogan vertreten wird: „Wir brauchen wieder mehr Werte." Man spricht von den „Werten Europas" oder einer „Werte-Gemeinschaft". Einiges deutet darauf hin, dass dieser Trend – man erfährt vielfältigen Vertrauensverlust und sehnt sich gleichzeitig nach Halt, Werten und Stabilität – sich durch die Coronapandemie weiter verstärkt. Die Krise hat vieles, was schon unterschwellig da war, sichtbarer gemacht und wie unter einer Lupe vergrößert. Vielleicht hast du in den Monaten des Lockdowns auch innegehalten sowie klarer gesehen und stärker gespürt, was du wirklich brauchst und im Leben vermisst. So ein Blick richtet sich schnell auf zwischenmenschliche Beziehungen und gesellschaftliche Phänomene: Auf wen konnte ich mich in der Krise verlassen? Wer oder was gibt mir Hoffnung? Wie möchte ich zukünftig mein Leben gestalten?

Optimistische Zukunftsforscher wie der medial viel zitierte und interviewte Matthias Horx sind jedenfalls davon überzeugt, dass eine neue soziale und gesellschaftliche Wirklichkeit entstehe, dadurch dass sich unsere Wahrnehmung in der Krise verändert habe.[9] Es könnte ein neues Zeitalter beginnen, in dem Vertrauen und das Spüren von tragenden Verbindungen eine noch größere Rolle spielen.

Allerdings wird der Übergang in dieses „Neue" nicht leicht. Viele sind durch die Erfahrungen der Pandemie ängstlich geworden, haben psychische Schwierigkeiten oder leben in einer – auch materiell – unsicheren Lebenssituation. Wie also fassen wir Mut, uns auf etwas Neues einzulassen? Ob wir da vom Glauben lernen können?

Glaube heißt doch, sich trotz aller Umstände auf etwas Unbekanntes einzulassen, Neuland zu betreten. Oder mit den schönen Worten aus dem Hebräerbrief der Bibel gesprochen: *„Der Glaube ist der tragende Grund für das, was man hofft: Im Vertrauen zeigt sich jetzt schon, was man noch nicht sieht"* (11,1; Hfa). Glaube bedeutet also: hoffen und vertrauen.

Ich mag den Satz der deutschen Lyrikerin Hilde Domin (1909-2006) sehr: *„Ich setzte den Fuß in die Luft, / und sie trug."*[10] Einen Schritt muss ich zunächst selbst unternehmen, setzen und mich vertrauensvoll vorwagen – so kann ich erfahren, dass tatsächlich ein neuer Weg entsteht, der mich und mein Leben trägt.

Die Sache mit dem Blick

An das Bild vom Schritt in die Luft muss ich auch immer denken, wenn ich die Berufungserzählungen aus den Evangelien lese. Da sind Männer und Frauen, die an einem bestimmten

Punkt ihres Lebens auf Jesus von Nazareth treffen, von ihm angeschaut und angesprochen werden, und die sich dann auf ihn einlassen und ein neues Leben beginnen. Was hat sie dazu getrieben? Wie konnten sie einfach so aufbrechen in etwas Neues? Woher haben sie die Kraft und den Mut genommen?

Es hat mit der Faszination an der Person Jesu zu tun. Dem Gefühl, diesem Mann und seiner Botschaft der anbrechenden neuen Welt Gottes intuitiv trauen zu können. Meist fing alles damit an, dass sie gesehen, ja angesehen wurden. Die Jüngerinnen und Jünger Jesu fühlten sich von seinem aufmerksamen, liebevollen, aber auch herausfordernden Blick wahrgenommen. Und sie ahnten: Da ist noch eine andere Welt, ein anderer Horizont, der sich meinem Leben öffnet. Neue, bisher ungeahnte Perspektiven, die locken.

Die Bibel beschreibt diesen Blickkontakt mehr als einmal: Jesus „sah" Simon (Petrus) und Andreas, die auf dem See die Netze auswarfen, ebenso „sah" er Jakobus und Johannes im Boot sitzen (vgl. Markus 1,16–20). An anderer Stelle, im Johannesevangelium, führt Andreas seinen Bruder Simon zu Jesus und dort wird berichtet: *„Jesus blickte ihn an und sagte: ‚Du bist Simon, der Sohn des Johannes, du sollst Kephas heißen, das bedeutet: Petrus, Fels'"* (Johannes 1,42).

Durch die Sache mit dem Blick kommt alles ins Rollen. Wir wissen nicht genau, in welcher konkreten Lebenssituation Jesus diese Männer „erwischt" hat. War ihr Leben in Ordnung? Hatten sie gerade Probleme? Bestand schon ein Draht zu Gott? Es ist reizvoll, diese „Leerstellen" mit fiktiven Bildern und Szenen zu füllen. So geschieht es beispielsweise in der aktuellen Film-Serie über das Leben Jesu *„The Chosen – der Auserwählte“*. Hier wird die Situation des Simon Petrus beim ersten Blick Jesu auf ihn, beim ersten Angeschaut-Werden, folgendermaßen dargestellt: ein Mann an dem Tiefpunkt seines Lebens. Die Netze des Fischers vom See bleiben oft leer, seine Steuerschuld ist erdrückend, in der Ehe kriselt es. Er ist am Boden zerstört. Da begegnet ihm Jesus und fordert ihn auf, ihm zu folgen. Trotz anfänglichen Misstrauens lässt er alles stehen und liegen und schließt sich dem zunächst unbekannten Mann an.[11]

Neben dem Sehen spielt in anderen Berufungserzählungen auch das Hören eine wichtige Rolle. Paulus „hört“ eine Stimme, die sich als die Stimme Jesu zu erkennen gibt: *„Auf seiner Reise nach Damaskus, kurz vor der Stadt, umgab Saulus plötzlich ein blendendes Licht vom Himmel. Er stürzte zu Boden und hörte eine Stimme: ‚Saul, Saul, warum verfolgst du mich?‘ ‚Wer bist du, Herr?‘, fragte Saulus. ‚Ich bin Jesus, den du verfolgst!‘, antwortete die Stimme. ‚Steh auf und geh in die Stadt. Dort wird man dir sagen, was du tun sollst‘“* (Apostelgeschichte 9,3–6).

Klarkommen, aufleben, loslegen

In der Begegnung mit Jesus (sehend wie hörend) entsteht – zunächst wohl recht spontan und eben intuitiv – eine neue Vision für das Leben. Und mit dieser Vision im Herzen wagen einige den Sprung nach vorne, den Sprung ins Vertrauen, dass diese Lebensvision trägt und eine erfüllende Zukunft verheißt.

Zum Glauben und Vertrauen gehören also auch Sinneserfahrungen. Es geht darum, gut hinzuhören und hinzuschauen und sich anschauen zu lassen. Leider hören wir heute häufig nicht mehr richtig (zu); wir hören zwar Musik, aber oft als Berieselung und alleine mit unseren „Ego-Tunneln" (Kopfhörern). Oder wir sehen nicht mehr richtig hin: Wir sind schnell unterwegs und achten mehr auf das Machen eines Fotos oder Selfies, aber verweilen nicht an Ort und Stelle und lassen die Umgebung auf uns wirken. Steckt hinter der Glaubenskrise also auch eine Krise der Sinne? Ich glaube, da ist etwas dran.

Besser wahrnehmen und verstehen, was wir eigentlich brauchen und was unserem Leben (noch) fehlt, was wir vermissen – das ist die Initialzündung für jeden Schritt nach vorne, für den Eintritt in eine neue Lebensphase. Und oft steht eine Begegnung am Beginn eines solchen Erkenntnisprozesses. Bei den biblischen Jüngern war es die mit Jesus von Nazareth. Die Folge: In ihrem Innern entsteht auf einmal ein großer Freiraum. Sie stellen sich ihren Fragen und Themen. Vielleicht mag es dann zunächst etwas chaotisch in ihnen zugegangen sein. Aber das ängstigt sie nicht. Sie wissen: Jedes Chaos will ein Anfang sein. Durch die Begegnung mit Jesus erleben sie eine Inspiration. Sie lernen kreativ und originell mit neuen Augen und mit Gott auf ihr Leben zu blicken. Und schließlich treffen sie Entscheidungen: Sie finden Mut, souverän anzugehen, was vor ihnen liegt.

Ein befreundeter Jesuitenpater, der viele junge Menschen bei Entscheidungsfindungen begleitet, drückt diesen Prozess in einem Dreiklang aus: Klarkommen. Aufleben. Loslegen.

Glauben heißt, sich auf etwas zunächst Unbekanntes einzulassen, Vertrauen zu wagen. Klar ist aber auch, dass es bei diesem Weg, vielleicht schon ganz zu Beginn, Hindernisse gibt. Da sind Blockaden in mir und von außen. Da können Ängste aufsteigen, die mit meiner bisherigen Lebensgeschichte und gewissen Lebenserfahrungen zu tun haben, aber auch diffuse Ängste, die ich gar nicht so leicht zuordnen kann. Ein wenig vergleichbar ist das mit dem Prozess, sich auf einen anderen Menschen ganz und gar einzulassen, ihm Vertrauen zu schenken. Auch da gilt es oft, Hindernisse zu überwinden und sich zu trauen, Ja zum Gegenüber zu sagen. Ein „klassisches" Beispiel für solche Ängste und Hindernisse wäre vielleicht der Mann, der als kleiner Junge in der Schule als Dickerchen gehänselt worden ist, und nun – trotz Waschbrettbauch – immer noch schambehaftet hofft, dass er selbst genug ist für die Beziehung mit seiner Freundin, dass er „reicht".

Für den eigenen Glaubensweg jedenfalls hilft es, sich zu fragen: Welcher Beziehungs- oder Bindungstyp bin ich eigentlich? Eher abwartend und unsicher oder eher extrovertiert und neugierig auf Neues? Und welche Hindernisse muss ich überwinden, um den Glauben zu entdecken und Gott Vertrauen zu schenken? – Darum soll es im nächsten Kapitel gehen.

3. Was hindert mich?

Gründe, die Menschen daran hindern, sich auf eine persönliche Begegnung mit Gott einzulassen, den Sprung in den Glauben zu wagen, gibt es viele. Vorweg sei gesagt: Natürlich muss ich zunächst einmal davon überzeugt sein, dass eine solche Begegnung überhaupt möglich ist. Insofern birgt es eine fundamentale Herausforderung, wenn eine amerikanische Studie zu dem Ergebnis kommt, dass die Mehrheit der Katholiken in den USA eine persönliche Beziehung zu Gott nicht sicher für möglich hält.[12] Viele glauben eher an einen unpersönlichen Gott, eine „unpersönliche Macht". Doch mit einer bloßen Macht ist selbstverständlich keine vertrauensvolle Beziehung möglich. Die Annahme, dass ich zu Gott gar keine persönliche Verbindung aufbauen und mit ihm leben kann, ist der Hauptgrund, der viele daran hindert, Gott zu begegnen. Anders gesagt: Ein „Date mit Gott" halten sie nicht für möglich.

Wie ich im weiteren Verlauf des Buches noch darlegen möchte, bin ich vom Gegenteil überzeugt. Ich möchte dazu Erfahrungen aus der Bibel, der spirituellen Praxis der Kirche und persönliche Glaubenserfahrungen schildern. Aber selbst wenn ich ein „Date mit Gott" prinzipiell für möglich halte oder sogar schon mal erlebt habe, gibt es dennoch einige Hindernisse, die ausschlaggebend dafür sind, dass Menschen den „Sprung in den Glauben" nicht wagen.

In meiner Arbeit in der Hochschulgemeinde sowie vorher in der Pfarrgemeinde und bei den Begegnungen mit Passanten in der Kölner Innenstadt rund um den Dreh des Pro7-„Motzmobils“ sind mir da schon so manche Gründe geschildert worden. Hier die vier häufigsten:

1. Kirchliche Hindernisse

Was viele Menschen daran hindert zu glauben, ist oft kirchengemacht. Oder wie eine befreundete Theologieprofessorin mal in launiger Runde sagte: „der ganze Kirchen-Scheiß“. Rund um Kirche – in Geschichte wie in der Gegenwart – gibt es so viele Negativthemen, die Menschen schon von vornherein davon abhalten, den Gedanken an den christlichen Glauben ernst zu nehmen oder sich darauf näher einzulassen. Die „Klassiker“ sind: die Kirche und die Kreuzzüge, die Kirche und die Hexenverbrennungen und die Rolle der Kirche in Diktaturen. Dazu gesellen sich wiederkehrend die Dauerbrenner-Themen wie Zölibat, Sexualmoral, Männerkirche oder Kirchensteuer. Und die skandalösen Umstände rund um den Umgang der Kirche mit Fällen des Missbrauchs lassen viele buchstäblich vom Glauben abfallen. Nicht nur das, sie hindern sie, es auch neu mit dem Glauben zu versuchen. Wer will ihnen das verübeln? Schließlich haben einige richtig schlechte Erfahrungen mit dem „Bodenpersonal“ der Kirche gemacht, die vieles kaputtgemacht

> *Was viele Menschen hindert zu glauben, ist oft kirchengemacht*

haben. Beispiele gibt es vielerorts genug und sind nicht von der Hand zu weisen: ein lieblos und unpersönlich gehaltener Beerdigungsgottesdienst für den nahestehenden Angehörigen (im schlimmsten Falle noch mit der Verwechslung des Namens), ein oberflächliches und unter Termindruck geführtes Taufgespräch, eine permanente Nicht-Erreichbarkeit des Pfarrbüros vor Ort („Servicewüste" Kirche) und vieles mehr. Unter dem Strich könnte man sagen: Für viele ist die Kirche das größte Hindernis, nicht der Glaube an sich oder das Date mit Gott.

2. Gottesbilder

Ein anderes Hindernis, das davon abhält zu glauben, kann mit dem Gottesbild zusammenhängen. Oder salopp ausgedrückt: das falsche Bild vom Dating-Partner.

Mich überrascht und irritiert es teilweise immer wieder, mit welchen Gottesvorstellungen eine große Anzahl von Christen herumläuft, allen voran viele junge Menschen, denen ich begegne. Diese Gottesbilder existieren sowohl als bloße Zuschreibungen an die Kirche („das glaubt ihr doch so") als auch als tief liegende eigene Gottesbilder.

Weit verbreitete sind der strafende Gott, oder ein Gott, der wenigstens ein bisschen böse oder gar sadistisch ist. Eng damit verwandt ist der Überwacher-Gott, der jegliche Handlung genau registriert und der dann irgendwann mal die Menschen einteilen wird in Richtung Himmel oder Hölle. Auch das extreme Gegenteil kommt häufig vor: der „liebe Gott", ein Gott, der wie ein harmloser, etwas seniler älterer Herr auf die Menschen schaut und dem letztlich alles ziemlich egal ist, was so auf der Erde passiert. Wie soll ich vor einem solchen Gott Respekt haben und Vertrauen aufbauen?

Und dann ist da noch der „Superman-Gott", der in diese Welt und damit selbstverständlich auch in die Naturgesetze eingreifen kann, wann und wie immer er will. Auf derselben Stufe befindet sich der wörtlich und banal verstandene Schöpfer-Gott (abgeleitet aus Genesis 1), der die Welt in sieben oder ein paar mehr Tagen geschaffen hat.

An meiner ersten Priesterstelle waren in diesem Zusammenhang die Gespräche mit den Firmlingen zum Abschluss ihrer Vorbereitungszeit besonders aufschlussreich. Die Gespräche ähnelten sich sehr, etwa nach diesem Muster: „Ich glaube ja irgendwie an Gott, aber mir fällt es schwer zu glauben, dass Gott die Welt in sieben Tagen erschaffen hat. Da glaube ich eher den Naturwissenschaften. Und an die Hölle, da kann ich auch nicht so wirklich dran glauben." – Da habe ich mich schon gefragt, wie 15-jährige Gymnasiasten darauf kommen, dass sie in der Kirche in erster Linie an die Hölle oder an einen wörtlich verstandenen Schöpfungsbericht glauben müssten. Das kann doch eigentlich nicht an der Katechese und am Religionsunterricht liegen. Oder gibt es so etwas wie „vererbte" religiöse Vorstellungen: Weil die Eltern dieses und jenes noch „glauben mussten", muss ich das sicher auch? Oder werden vielleicht viele von folgendem Denkmuster geleitet: Weil „die" Kirche in gewissen Bereichen so einen „Unsinn" lehrt (Jugendliche würden hier wohl vor allem auf die Sexualmoral anspielen), trau ich ihr auch diese unaufgeklärte Gotteslehre zu.

Mir ist jedenfalls deutlich geworden, dass es zwei wiederkehrende Problemhorizonte gibt: Die Frage nach der Schöpfung (Was bedeutet: „Gott ist Schöpfer und Erschaffer der Welt"?) und die nach dem rechten Verständnis der biblischen Schriften. Gerade beim Thema „Bibel" wird häufig gefragt: Wie soll ich eigentlich all die schrecklichen Texte des Alten und teilweise auch Neuen Testaments verstehen? Warum lässt Gott unzählige Menschen geradezu abschlachten? Was ist eigentlich historisch in der Bibel? Oder ist die Bibel nur ein religiöses Märchenbuch?

In Seelsorgegesprächen, bei Kondolenzbesuchen oder beim Krankenbesuch begegnet mir auch die Frage nach dem Eingreifen Gottes und in diesem Zusammenhang natürlich die nach dem (Bitt-)Gebet. Es scheint mir nach wie vor nicht hinterfragt zu werden, dass für die meisten Christen Gott so gedacht wird, als sei er in dem Sinne allmächtig, dass er jederzeit ins Weltgeschehen eingreifen könnte. Natürlich könne er Krankheiten heilen, mich vor Krebsdiagnosen bewahren und vieles mehr. Macht der Einzelne dann gegenläufige Erfahrungen, wird vielfach nicht etwa dieses Gottesverständnis infrage gestellt, sondern Gott und seine Existenz selbst. Die Frage nach dem Leid im Allgemeinen und warum Gott dieses zulasse, hindert viele Menschen daran, einen vertrauensvollen Schritt auf Gott zuzumachen, ganz nach dem Motto: „Wenn man ihn braucht, ist er ja doch nicht da…!" Und dieser Aspekt leitet schon über zum nächsten Grund.

3. Enttäuschung über Gott

Hier gibt es wieder eine Analogie zur zwischenmenschlichen Ebene: Von einem Partner oder einer Partnerin kann man enttäuscht sein bzw. werden. Einige haben vielleicht versucht, sich auf Gott einzulassen, wollten ihn näher kennenlernen, aber es „funkte" und „knisterte" nicht. Oder das Feuer des Anfangs verflog schnell. Manche sagen mir: „Es kommt ja eh nichts zurück von Gott; ich bete und rede mit ihm, aber er schweigt. Er will nichts mit mir zu tun haben." Andere stoßen sich an der Unsichtbarkeit Gottes: „Wie soll ich jemanden kennenlernen, den ich nicht sehe oder berühren kann? Ist das nicht alles Einbildung?" Letztlich gibt es auch ganz konkrete Situationen, die einige dazu bewegen, sich enttäuscht von Gott abzuwenden und keinen neuen Anlauf mehr in seine Richtung unternehmen wollen. Vor allem wenn jemand sich ungerecht von Gott behandelt oder im Stich gelassen fühlt. Ein älterer Mann hat mir einmal gesagt: „Ich war mein ganzes Leben ein frommer Mann, habe viel gebetet und meine Kinder im Glauben erzogen. Und heute will keines meiner Kinder mehr etwas mit dem Glauben zu tun haben. Meine Frau ist kürzlich an einer Krankheit verstorben und ich selbst kann kaum noch gehen. Warum hat mich Gott verlassen und mir einen solchen Lebensabend beschert? Ich kann seit Monaten nicht mehr beten oder in die Kirche gehen."

Enttäuscht von Gott zu sein, ist ein harter Brocken, weil Enttäuschungen sich tief in uns festsetzen können und weil wir alle große Angst vor ihnen haben. Ist Gott nicht besser als mein Freund oder mein Verwandter, der mich kürzlich arg enttäuscht hat? Enttäuschung und Zweifel liegen hier eng beieinander.

Bleibt noch die letzte Kategorie der Hindernisse, die für mich die größte Herausforderung darstellen.

4. Kein Interesse

Kurz gesagt: In der Beschäftigung mit Gott oder dem Glauben sehen viele einfach keine Notwendigkeit. „Ich habe einfach kein Interesse an einem Date mit Gott. Das Ganze ist mir egal. Ich habe genug anderes zu tun und im Übrigen geht es mir ohne Gott ganz gut."

Eine solche Haltung begegnet mir in vielen Traugesprächen, wenn der eine Partner mit dem Glauben verbunden ist, der oder die andere aber schlichtweg nichts damit anfangen kann. Oder bei zufälligen Begegnungen auf Geburtstagsfeiern oder Festen.[13] Wenn wir da auf meinen „Job" zu sprechen kommen, sagen manche: „Das ist ja ganz nett, dass du dich mit solchen Dingen beschäftigst. Für mich ist das nix. Ich komme gut ohne Gott klar."

Der Religionssoziologe Tomáš Halík nennt solche Personen „Apatheisten". Menschen, die der Religion gegenüber apathisch, gleichgültig sind – und zwar nicht hinsichtlich religiöser Antworten, sondern auch den Fragen, die der Glaube stellt. Ein Apatheist lasse sich nicht vom Glauben und von den Überlegungen zum Thema Religion behelligen, er verliere nicht einmal Zeit damit, gegen den Glauben zu polemisieren.[14]

In meinem Bild vom Date hieße das: Der Dating-Partner sitzt da, aber es besteht keinerlei Interesse, Kontakt mit ihm aufzunehmen. Warum? Vielleicht weil das eigene Leben bestimmt ist von vielen anderen, noch viel spannenderen Dates. Oder, um das Bild weiter zuzuspitzen: Es verhält sich wie beim „Speeddating", wo der beste Partner (Gott) eigentlich schon vor einem sitzt, aber der Blick zu den anderen verführerisch schauenden „Göttern/Götzen" an den Nebentischen abschweift.

Vielleicht hängt dieser Apatheismus auch mit der zu Beginn des Kapitels genannten grundsätzlichen Blockade zusammen, nämlich eine persönliche Gottesbeziehung gar nicht für möglich zu halten. Denn wo es um nichts Persönliches geht, ist es auch nicht spannend und es besteht kein Interesse.

Fassen wir zusammen: Es gibt eine Reihe von sehr unterschiedlichen Gründen, skeptisch gegenüber einem Date mit Gott zu sein oder gar ganz die Finger davon zu lassen. Gott begegnen zu wollen, darin sehen viele alles andere als eine Notwendigkeit, eher eine Option oder eben auch ein Potenzial.

Um Letzteres soll es im Folgenden gehen. Denn Gott konkret zu begegnen, birgt viel Potenzial für den eigenen Glaubensweg und wirkt sich stark auf die Lebensweise aus. Meist beginnt alles damit, eine Sehnsucht wahrzunehmen, die einen treibt. Oder man hat so eine Ahnung, dass da doch

„mehr" sein muss im Leben. Es herrscht in einem selbst eine innere Unruhe, die letztlich unerklärlich ist. Ob all das dann die Kraft hat, alle Hindernisse abzubauen, die Begegnung mit Gott zu suchen, bleibt zunächst offen. Aber vielleicht kann ich im Folgenden neue Sichtweisen erschließen – Perspektiven, die helfen wollen.

4. Da ist so eine Ahnung

Auch wenn es vieles gibt, das Menschen hindert, Gott zu suchen und sich auf ihn einzulassen – die Frage nach Gott oder dem Sinn des Ganzen, was wir erleben, verstummt nie ganz. Sie bleibt oftmals eine nicht erklärbare Sehnsucht, das Gefühl eines unruhigen Herzens, ein das Leben begleitendes „Hintergrundrauschen“. Warum sind wir hin und wieder so angerührt von der Schönheit der Natur? Gibt es da etwas, das in leisen Momenten zu uns spricht? Etwas, das bei uns anklopft? Irgendeine Art Ahnung? – Vielleicht genauso, wie der Kirchenvater Augustinus sie unnachahmlich formulierte: „Unruhig ist unser Herz, bis es Ruhe findet in dir, o Gott.“ – Die Suche nach Gott beginnt eben mit einer Art Gespür, einer Ahnung, letztlich einer Sehnsucht.

Für mich gibt es so etwas wie ein „Gottesgespür“. Mir wurde das als Jugendlicher mit 15 oder 16 erstmals deutlich. Wenn ich an diese Zeit zurückdenke, sind für mich die nächtlichen Gespräche mit zwei, drei engen Freunden im Ruhrgebiet, nach Partys oder Feiern, sehr markant.

Das sanfte Wehen und Wirken Gottes zu erahnen, ist für viele der Anfang ihres Weges mit Gott

Mitten in der Nacht, über uns der Sternenhimmel, waren wir unterwegs nach Hause und unterhielten uns über Fragestellungen wie diese: Unser Leben ist so großartig, wird das irgendwann einfach alles aus und vorbei sein? Oder bleibt dann so ein Gefühl wie jetzt in dieser Nacht? Könnte es so sogar dauerhaft sein nach dem Tod? Und wie ist das eigentlich: Gibt es einen Gott? Kann man den erfahren?

So etwas meine ich mit Ahnungen und Gottesgespür. Gab es schon Momente bei dir, wo davon etwas aufblitzte? Vielleicht sind die schon länger her, aber schlummern dennoch in dir.

Das Setting „Nächtliche Glaubens- und Sehnsuchtsgespräche mit Freunden" hat sich jedenfalls bei mir auch später weiter fortgesetzt: im Studium, in römischen Nächten während meiner Auslandssemester, als Vikar, als Pastor in Paderborn und auch zuletzt wieder in der Corona-Zeit.

Die Ahnung dahinter lässt sich vielleicht so zusammenfassen: Es muss doch „mehr" geben als nur das Vordergründige, die Oberfläche, das schnell Vorbeiziehende. Und das muss etwas Kraftvolles sein. Etwas Geheimnisvolles. Etwas, das dem Leben Kraft und Schwung verleiht.

Vor Kurzem bin ich auf ein Zitat von Paul Claudel gestoßen: „In mir lebt etwas, das mehr ist als ich selbst." Das bringt es auf den Punkt. Also, es beginnt mit einer Ahnung und dieser zu trauen. Unser Herz ist da wohl schon einen Schritt weiter – und dann geht die konkrete Suche los.

Gottes Hauch

Die Begegnung mit dem Geheimnis Gott muss nicht immer das große Brausen sein, ein lauter Donnerschall und etwas Spektakuläres. Sie kann überraschend anders sein: unscheinbarer, leiser, sanfter. Die berührendste Episode in der Bibel, die uns genau darauf aufmerksam macht, ist die Gottesbegegnung des Propheten Elija im Alten Testament am Berg Horeb (1. Könige 19,1–13). Der verängstigte und des Lebens müde Elija erfährt in seiner desolaten Situation die Gegenwart und Nähe Gottes – das „Vorüberziehen Gottes", wie die Bibel sagt. Und die Überraschung, die er erlebt, ist: Gott ist weder im Sturm noch im Erdbeben, geschweige denn im Feuer. Er begegnet ihm in einem „sanften, leisen Säuseln". Elija erfährt einen Hauch Gottes, er wird von Gott sanft berührt und gewinnt dadurch neue Lebenskraft und Perspektive.

Dieses sanfte Wehen und Wirken Gottes zu erahnen, ist für viele der Anfang ihres Weges mit Gott. Dazu gehören die Bereitschaft und Sensibilität, das persönliche Erleben und Erfahren als wichtigen Ort der Begegnung mit dem Heiligen zu betrachten. Wann gerate ich ins Staunen? Wann empfinde ich tiefen Frieden und innere Ruhe? Wo begegnen mir unverfälschte Liebe und Zuneigung? Wo rühre ich an ein Geheimnis, das größer ist als ich selbst? In welchen Situationen kann ich Kontrolle abgeben und einfach „ganz da" sein? In all diesen Dimensionen kann ich dem Heiligen begegnen und von Gott berührt werden.

Wir dürfen und können wieder neu „geheimnisfähig" werden. Das heißt, wir dürfen damit rechnen, dass es noch ganz andere Antworten gibt, als wir sie uns selbst ausmalen und zurechtdenken können. Wir dürfen darauf bestehen, dass eine Antwort des Glaubens nicht kleiner sein darf als die Sehnsucht und der Durst, den wir in uns tragen. Anders formuliert: Ich will auf einen Glauben setzen, der Gott Gott sein lässt. Einen Gott suchen, den man nicht einfach so besitzen kann. Ich spüre, da zeigt sich eine Wirklichkeit, die ich nicht wirklich ergreifen oder gar begreifen kann, sondern eine, die mich ergreift und umgibt; über die kann ich nicht verfügen wie über sonstige Dinge des Denkens und Lebens.

Von Elija wird berichtet, dass er als Reaktion auf die Erfahrung des Hauches Gottes sein Gesicht in den Mantel hüllt, sich so sinnbildlich von Gott umgeben lässt. Und er richtet sich auf, verlässt die Höhle, in die er sich verkrochen hat, und stellt sich an den Eingang der Höhle. Er ist bereit für einen neuen Aufbruch (1. Könige 19,13).

Dem Heiligen begegnen

Wie fühlt sich eine Begegnung mit dem Heiligen also an? Ich habe schon kurz von meinen nächtlichen Glaubens- und Sehnsuchtsgesprächen erzählt, die für mich in die ersten inneren Begegnungen mit dem Heiligen, Geheimnisvollen, eben mit Gott führten. Das Gefühl, dass es noch „mehr" geben müsse, war dabei entscheidend.

Als Seelsorger durfte ich mittlerweile mit vielen sehr unterschiedlichen Menschen tiefgründige Gespräche über ihre Gottessuche wie auch ihre Gotteserfahrungen führen. Einiges möchte ich hier andeuten und mitteilen:

Bei vielen Menschen stehen am Anfang ihres Weges mit Gott Erfahrungen, die eine Sehnsucht in ihnen wecken. Momente des Lebens, in denen sich eine bis dahin unbekannte innere Weite und Freiheit auftaten. Es geht dabei um das innere Fühlen und Spüren einer anderen, geheimnisvollen Gegenwart. Einige werden davon bei einer Auszeit oder einem Schweigewochenende im Kloster ergriffen, andere bei einer Wanderung in den Bergen und wieder andere in einem Gespräch mit einem Freund, in dem es auf einmal wirklich um „Gott und die Welt" geht. Für viele ist diese Erfahrung auch mit dem Erleben von sakralen Räumen verbunden. Der Besuch in einer lichtdurchfluteten Kathedrale auf der Urlaubsreise, die besonderen Gerüche dort, die vielen aufgestellten Opferkerzen, der Anblick betender Menschen, die Stille in einer kleinen Seitenkapelle. Ein heiliger Ort kann in Menschen die Sehnsucht nach dem Heiligen, nach Gott beflügeln oder wieder neu anregen. Gleiches gilt für bestimmte Bilder oder Kunstwerke.

Eine ältere Dame hat mir mal erzählt, dass ihr größter Trost und ihre beständige Verbindung zum Himmel der Anblick des Bildes „Die Rückkehr des verlorenen Sohns" von Rembrandt sei. In schwierigen Situationen habe sie stets einen Druck des Bildes angeschaut und bei sich getragen, so habe sie wieder inneren Frieden und Ruhe gefunden.

Und dann ist da natürlich noch die Musik. Einige, oft eher ältere Menschen oder begeisterte Chorsängerinnen und -sänger, führt die klassische geistliche Musik zu einer tiefen Erfahrung von Verbundenheit und Berührung mit dem Heiligen.

Viele junge Menschen schätzen heute die „Worship"-Musik und erleben durch diese an den Pop angelehnte Art des Lobpreises Gottes eine Ahnung des Heiligen. Ich kenne zwei Studierende, die selbst Worship-Texte schreiben und die Musik dazu komponieren. Allein dieser kreative Prozess ist für die beiden schon eine Berührung mit Gott. Die Stunden, in denen sie an ihren Liedern „arbeiten", sind für sie heilige Zeiten – wie ein Gottesdienst.

Manchmal sind es auch aktuelle Songs aus den Charts sowie Lieder aus den Playlists deutscher oder internationaler Künstler, die einen neuen Horizont eröffnen oder eine Atmosphäre vermitteln, die das Alltagsbewusstsein übersteigt. Ein bekanntes Beispiel dafür ist der Song *„Hallelujah"* von Leonhard Cohen oder bei Trauungen *„Sag einfach Ja"* von Tim Bendzko.

In der Hochschulgemeinde hatten wir vor Kurzem als Semesterthema *„Let the music heal your soul"* – Lass die Musik deine Seele heilen. Es wurde deutlich, dass Klänge, Töne, Melodien und Rhythmen Menschen verbinden und Bindungen stärken können. Musik lässt schließlich etwas in uns erwachen und unseren Körper schwingen. Für manche ist Musik eine Tür zu ihrer Seele und damit auch zu Gott, ein Türöffner in neue innere Räume.

In diesem Zusammenhang bin ich auf die Texte des Geigenbauers Martin Schleske aufmerksam geworden.[15] Schleske reflektiert auf sehr tiefgründige Weise die Schritte des Geigenbaus und erkennt darin viele Gleichnisse zum Leben und Glauben. Äußerlich, meint er, gleiche vieles zunächst dem bloßen Gang durch seine Werkstatt, einem technischen Prozedere, aber zugleich sei dies auch ein innerer Weg in die Welt des Glaubens. Immer wieder werden ihm beim Arbeiten in seiner Werkstatt

Zusammenhänge zwischen dem Leben und Glauben bewusst. Dabei gehe es beispielsweise um die Suche nach dem richtigen Holz für die Geige, wie bedeutsam es also sei, das passende Holz zu finden. Welche Eigenarten muss es haben, damit das Instrument, das daraus entsteht, am Ende gut klingt? Es geht um Klangfarben, den Duft der Pigmente, die Vielfalt der Harze, die Bedeutung der Formen und Wölbungen.

Begeistert und selbst sehr ergriffen von den Gedanken Schleskes habe ich einmal im Advent im Paderborner Dom eine Predigtreihe zum Thema „Lauschen auf den Klang des Lebens“ angeboten. Die Resonanz war überwältigend und die Broschüren mit den abgedruckten Predigten wurden uns im Dom quasi aus den Händen gerissen.

Hier scheint also ein wichtiger Punkt in uns angerührt zu werden: im Vielerlei der äußeren Stimmen sowie der inneren Gedankenfluten ein Gespür für die tiefer liegenden Klänge und Resonanzen zu bewahren oder neu zu erlernen – für die Herztöne und Seelenklänge.

Augenöffner im Alltag

Das macht deutlich: Glaube ist nichts, worüber man einfach verfügen kann. Er ist eher etwas, dem man sich zur Verfügung stellt. Glaube ist ein entstehendes Werk. Darin ist er einem Kunstwerk ähnlich, zum Beispiel einem Musikstück.

Im Leben und im Glauben ist also eine schöpferische Kraft wirksam, eine heilige Gegenwart, aus der man leben kann. Das gilt gerade auch hinsichtlich alltäglicher Erfahrungen: bei der Arbeit, in meinen Beziehungen, in der Freizeit, in der Natur. Es gibt so etwas wie Offenbarungsmomente des Alltags: Erlebnisse, die zum Gleichnis für tiefe Wahrheiten und Einsichten werden können. Augenblicke, die dem Leben einen neuen Klang schenken. Damit bekommt der Glaube etwas Behutsames und Sanftes, eine Ehrfurcht gegenüber dem Heiligen. Die Frage des Glaubens wäre dann nicht nur „Worauf vertraust du?“, sondern auch „Was ist dir anvertraut?“.

Am Anfang stehen also Ahnungen, „Offenbarungsmomente“ im Alltag oder zu besonderen Zeiten des Lebens eben immer auch ein Vertrauen: ein Grundvertrauen ins Leben und die schöpferische Kraft, die darin und in allen Dingen anwesend ist und uns widerfahren und berühren kann.

Die Frage ist dann, ob wir offen dafür sind, wie Gott uns begegnen möchte. Dass er uns eben für gewöhnlich nicht mit großen, äußeren Spektakeln überwältigt, sondern uns in alltäglichen und zuweilen unscheinbaren Momenten der Erleuchtung und des Vertrauens anspricht.

Aber könnte es nicht sein, dass wir manchmal von Anfang an einen Filter besitzen? Das wäre dann wieder wie bei einem Date. Oder anders gefragt: Kann nicht auch mein „Match“ ganz anders aussehen als meine bisherigen Idealvorstellungen, die das Äußere und andere Eigenschaften betreffen, wenn ich mich einfach mal auf „das Andere“ einlasse? Wo unterscheiden sich meine Vorstellungen vielleicht also von dem, wie Gott mir persönlich und „livehaftig“ begegnen möchte?

5. Dem Gefühl nachspüren

Gott zu erahnen und dieser Spur Vertrauen zu schenken, ist der Anfang von allem. Wie aber geht es weiter? Es verhält sich bei der Gottsuche wohl wie bei vielen anderen Erlebnissen: Wer dranbleiben will, wer einer ersten Erfahrung nachgehen will, muss von der bequemen Couch aufstehen, in Bewegung kommen und sich auf die Suche begeben. Will ich zum Beispiel erleben, wie herrlich eine Landschaft riecht oder aussieht, die ich in einer TV-Doku gesehen habe, muss ich mich aufmachen: hinfahren, erleben, spüren, wahrnehmen. Oder wenn ich an ein erstes Date anknüpfen möchte, dann muss ich doch an meinem Gegenüber dranbleiben, ihm oder ihr texten und weitere Treffen vereinbaren, um miteinander Zeit verbringen zu können. Manche versuchen auch, mehr über die sozialen Medien herauszufinden: Was mag er oder sie? Welche Fotos wurden gepostet? Welche Freunde sind verlinkt?

Ich muss jedenfalls dranbleiben und aufbrechen, wenn ich jemanden (näher) kennenlernen will. Eine treffende biblische Kurzformel für diese Haltung ist die verheißungsvolle Aufforderung von Jesus an seine ersten Jünger: *„Kommt und seht!“* (Johannes 1,39).

Glaubensgespräche können das Leben grundlegend verändern

Berufung fängt in der Bibel damit an: kommen und sehen. „Sehen“ hat dabei im biblischen Sinne mit „Erkennen“

zu tun, es meint also ein tieferes Sehen, ein Wissen vom anderen. „Kommen“ ist als Ruf zum Aufbruch zu verstehen: sich auf Jesus einlassen, ihn erleben, mit ihm gehen. So werde ich nach und nach erfahren, wer er ist und wer er für mich persönlich sein möchte.

Für die ersten Jünger wie Simon Petrus und Andreas war es die Sternstunde ihres Lebens, als „sie sahen (erkannten), wo Jesus wohnte“ und wie er lebte. Sie verstanden auf einmal, wo er zu Hause, beheimatet und verwurzelt war: nämlich in Gott, seinem Vater. Daher wollen sie bei ihm bleiben und bei ihm in die „Jünger-Schule“ gehen. Sie bleiben nicht zu Hause „auf dem Sofa“ liegen, sie wagen den Aufbruch.

Der Aufbruch hin zu einem neuen Bleiben, beziehungsweise einer neuen Bleibe, ist also die Folge des Kommens und Sehens. Nach dem Johannesevangelium ist dies der Raum der Liebe: *„Bleibt in meiner Liebe“* (Johannes 15,9), fordert Jesus seine Vertrauten auf. Das ist im Übrigen auch ein Sinnbild für die Kirche als Glaubensgemeinschaft: mit Jesus und den anderen verbunden bleiben, weil alle kommen, sehen und bleiben.

„Kommt und seht!“, diese Aufforderung Jesu ist für mich eine Einladung des Vertrauens – mitten im Leben – im ganz praktischen Sinne: Es geht um Wohnen, Freundschaft, Zusammensein. Sie erinnert mich auch an die Einladung aus den Psalmen: *„Kostet und seht, wie gut der Herr ist“* (34,9). Oder wie Luther übersetzt: „Schmecket und sehet.“ In seinen Worten spielt demnach auch der Genuss eine Rolle. Gott zu begegnen bedeutet, das Leben richtig zu schmecken.

Vergraben wir das Anvertraute?

Eine ähnliche Dynamik hat das berühmte Gleichnis Jesu von den anvertrauten Talenten (Matthäus 25,14–30). Es handelt davon, wie das Leben in Fluss kommen kann, wie Menschen Verantwortung übernehmen und damit etwas vom Himmelreich erfahrbar wird. Es ist eine Vertrauens- und Motivationserzählung von Jesus, die uns beflügeln kann, an den uns geschenkten ersten „Glaubenserfahrungen" dranzubleiben und diese nicht wieder schnell zu begraben.

Das Setting des Gleichnisses ist sicher vielen bekannt: *„Mit dem Himmelreich ist es wie mit einem Mann, der auf Reisen ging. Er rief seine Diener und vertraute ihnen sein Vermögen an. Dem einen gab er fünf Talente Silbergeld, einem anderen zwei, wieder einem anderen eines, jedem nach seinen Fähigkeiten. Dann reiste er ab."* Das Gleichnis erzählt anschließend davon, wie die ersten beiden Diener anfangen, mit dem Geld zu wirtschaften, während der dritte das Geld in einem Erdloch versteckt und nichts weiter damit macht. Bei der späteren Rückkehr des Mannes werden die ersten beiden als „treu und tüchtig" gelobt und erhalten die Einladung: „Komm, nimm teil am Freudenfest deines Herrn!" Der andere Diener hingegen wird als „schlecht und faul" getadelt und „hinausgeworfen".

Das Gleichnis stellt allgemein die Frage, wie wir mit unserem Leben, dem größten Geschenk, das wir haben, umgehen. Nutzen wir es, um tatsächlich zu leben? Oder vergraben wir das Anvertraute? Ertragen wir es eher, als es zu gestalten?

Und im Hinblick auf unser Thema, wie Gott sich erahnen lässt, fragt das Gleichnis uns: Folgst du der Spur deiner Sehnsucht und deiner Ahnung von einer größeren Freiheit und Wirklichkeit? Beginnst du mit dieser zu „wirtschaften", also etwas zu gestalten, Dinge auszuprobieren, Verantwortung zu übernehmen? Oder vergräbst und verschüttest du deine Sehnsucht – deine vielleicht erst zaghaften Ahnungen des Heiligen, einer göttlichen Gegenwart in deinem Leben?

Das Gleichnis ist auch eine große Befreiungserzählung. Diesen Dienern, gemeint sind wohl die Sklaven eines wohlhabenden Mannes, wird viel zugetraut. Es werden ihnen Räume der Freiheit geschenkt: „Hier habt ihr die Vermögensteile, jetzt seid ihr dran. Fühlt euch frei." Das Wirtschaften war damals nur gewissen Gruppen vorbehalten. Dass nun diese Sklaven frei wirtschaften dürfen, war eigentlich undenkbar. Doch zwei der Sklaven gehen auf das entgegengebrachte Geschenk des Vertrauens ein und lassen sich befreien. Der dritte Sklave nicht; er hat Angst vor dem Scheitern, offenkundig auch Angst vor dem Geber der Talente. Er möchte die Kontrolle bewahren.

In der Tat hat eine Freiheits- und Befreiungserfahrung ja auch immer mit Kontrollverzicht zu tun. Es könnte etwas schiefgehen; das Wirtschaften könnte ja auch misslingen. Das Evangelium aber lädt immer wieder zu Freiheitserfahrungen und Kontrollverzicht ein und steht hier deutlich auf der Seite der ersten beiden Sklaven.

Für mich ist das Gleichnis eine wunderbare Ermutigung, auf das Vertrauensangebot und die Vermögensübergabe (oder Talentvergabe) von Gott einzugehen. Dass ich Verantwortung für diese Leihgabe übernehme und so in den Lebensfluss komme. Dabei geht es immer um ein Sich-beschenken-Lassen, Sich-durchfließen-Lassen und Im-Fluss-Bleiben. Und um in diesen Lebensfluss zu kommen – in die Befreiungsdynamik von Jesus – darfst und musst du immer wieder mal die Kontrolle abgeben; nur so werden kreative und überraschende Prozesse angestoßen.

Aber vielleicht fragst du dich jetzt: Wo und wie fange ich konkret an? Wo ist heute meine „Jünger-Schule", in der es heißt: „Kommt und seht"? Wie kann ich mehr über Gott erfahren? Wem vertraue ich mich an?

Die Kirche im Dorf

Manches im Leben ist oft viel nahe liegender, als wir meinen – so wie die sprichwörtliche „Kirche im Dorf". In vielen Dörfern und Städten steht eine Kirche ganz selbstverständlich im Zentrum und das Leben hat sich um sie herum gebildet: Markt, Cafés, Geschäfte. Also, warum nicht mal einfach hingehen in diese Kirche? Am Morgen vor der Arbeit oder gegen Abend, um den Tag Revue passieren und ausklingen zu lassen? Mir Momente der Stille in einem Kirchenraum gönnen oder auch hin und wieder eine Kerze entzünden als Zeichen für eine Bitte, einen Wunsch, einen Dank, oder als Ausdruck meiner Sehnsucht und Suche? Ich könnte es vielleicht ja auch „wagen", einen Gottesdienst zu besuchen. Ich werde die Glocken, die dazu rufen, sicher häufiger zwischendurch hören. Vielleicht ist es der erste Gottesdienst nach langer Zeit. Da darf ich mich durchaus am Anfang zunächst verstecken: in der letzten Reihe, hinter einer Säule, in „Fluchtnähe" zum Ausgang. Was löst diese Teilnahme am Gottesdienst in mir aus? Wir wirken der Raum, die Musik, die gesprochenen Worte, die Rituale auf mich? Und selbst wenn ich mich vielleicht fremd fühle, ästhetisch und atmosphärisch nicht wirklich „abgeholt", gibt es möglicherweise doch einen kleinen Moment, wo etwas in mir angerührt wird? Eine Person, die ich beim Beten beobachte, ein Wort, das verlesen wird, eine Zeile aus einem Kirchenlied?

Der Besuch einer Kirche oder eines Gottesdienstes, ob zu Hause im Ort oder auf Reisen, kann ein nahe liegender Beginn sein.

Verbündete

Ähnlich wie die Kirche im Dorf, die direkt vor meinen Augen liegt wie eine Tür, die ich aber nicht öffne oder lange nicht geöffnet habe, so verhält es sich vielleicht auch mit gewissen Menschen in meinem Umfeld. Gibt es in meinem Freundes- und Bekanntenkreis jemanden, von dem ich weiß oder gehört habe, dass er etwas mit Glauben und Kirche zu tun hat? Eine Freundin, die in der örtlichen Pfarrgemeinde engagiert ist? Eine Tante, die im Kirchenchor singt? Ein Bekannter, der regelmäßig in ein Kloster fährt, um dort „aufzutanken"? Solche Menschen können auch wie eine Tür sein, durch die ich vorsichtig in die Welt des Glaubens eintreten kann. Ich muss es nur wagen, diese Menschen anzusprechen und von meinen Ahnungen, von meinen Fragen und meinem Suchen nach Gott zu erzählen.

Manchmal gibt es auch „Zufallstreffer" und ich lerne auf einer Feier, einer Veranstaltung oder einer Reise „zufällig" jemanden kennen, der einen Bezug zur christlichen Spiritualität hat und über seinen eigenen Glauben spricht. Da gilt es die Chance zu ergreifen, sich zu öffnen, nachzufragen und die eigenen Gedanken und Ahnungen mitzuteilen. In solchen Situationen bestätigt sich übrigens die Wahrheit: Zufälle gibt es nicht. Am Ende stellt sich nämlich nicht selten eine solche Begegnung als Fügung heraus, da sie etwas ist, das mir im buchstäblichen Sinne zufällt.

Gespräche über den Glauben sowie den offenen und suchenden Austausch mit Gleichgesinnten oder Gleichfühlenden und -ahnenden halte ich persönlich für einen der wichtigsten Pfeiler beim Dranbleiben und Aufbrechen. Es geht nämlich immer auch darum, Verbündete aufzuspüren und zu suchen.

Es gibt dabei so etwas wie „natürliche Verbündete". Ich meine damit haupt- oder ehrenamtliche kirchliche „Player" wie Priester, Ordensleute, Pastoral- oder Gemeindereferentinnen, Katecheten (Taufe, Kommunion, Firmung), örtliche

Gruppenleiter zum Beispiel bei den Messdienern, Pfadfindern oder der Frauengemeinschaft. Meiner Erfahrung nach sind Personen, die im kirchlichen Bereich beheimatet sind oder einen Zugang dazu haben, für Menschen oft sehr prägende Wegbegleiter.

Als Studierendenpfarrer komme ich häufig ins Gespräch mit jungen Leuten, die Theologie studieren und beispielsweise Religionslehrer oder Gemeindereferentin werden wollen. Sehr viele von ihnen sagen mir, dass in ihrer Heimatgemeinde ein Priester oder eine Gemeindereferentin eine wichtige Rolle bei diesem Berufswunsch gespielt hat, oder die Begegnung mit Gleichgesinnten bei den Messdienern oder Pfadfindern. Manche haben die entscheidenden Impulsgeber auch bei überregionalen Veranstaltungen oder in Zusammenhängen außerhalb der eigenen Pfarrgemeinde gefunden, beispielsweise im „Gebetshaus Augsburg“, in der „Zukunftswerkstatt“ der Jesuiten in Frankfurt, bei Angeboten von „Nightfever-Gruppen“ oder während Pilgerreisen nach Taizé, Assisi, Lourdes oder Rom.

Begegnungen mit kirchlichen Verbündeten prägen oft ein Leben lang. Eine 85-jährige Frau, die ich regelmäßig besuche, spricht immer wieder von den guten Erfahrungen mit ihrem „Jugendpfarrer“ aus ihrem Dorf. Zum Beispiel davon, wie er ihre Familie sonntags oft ganz selbstverständlich nach der Messe zum Frühstück eingeladen hat. Noch heute ist sie beeindruckt von der Herzenswärme und Gastfreundschaft dieses Priesters. Interessant finde ich dabei, dass sie mir nie davon erzählt, dass der Priester dieses oder jenes Wichtige gepredigt habe, sondern es kommt immer wieder nur die Szene des Frühstücks. Hier ist ein „Fluss" entstanden, der auch heute noch fließt und in dem Glauben und Vertrauen wachsen und gedeihen konnten.

Ein anderes Beispiel sind Leute aus meinem Bekanntenkreis, die heute schon lange keinen Bezug mehr zu einer Pfarrgemeinde oder kirchlichen Akteuren haben. Von früher ist da nur ein einziger kirchlicher Kontakt geblieben und wird quasi rituell gepflegt: Einmal im Jahr trifft sich die ehemalige Clique mit dem Kaplan aus der Jugendzeit. Jeder freut sich schon Wochen vorher auf dieses jährliche Treffen. An diesem „Revival-Wochenende" spricht man über Gott und die Welt und dieser Austausch trägt den eigenen persönlichen Glauben, der im eigenen Alltag kaum einen wirklichen Raum und Ausdruck findet, wieder über die nächsten zwölf Monate. Dank des „alten Verbündeten" und den Gesprächen mit den Gleichgesinnten von früher.

Auch für mich persönlich war die Begegnung mit zwei Priestern ausschlaggebend für meinen weiteren Glaubensweg, letztlich wohl auch für meinen Weg der Berufung, selbst Priester zu werden. Ich habe Ende der 1990er-Jahre zu meiner Abi-Zeit mehrfach in den Sommerferien an Friedens- und Wiederaufbau-Camps in Bosnien-Herzegowina teilgenommen, kurz nach Ende des dortigen Bürgerkriegs. Organisiert waren sie von „Caritas International" und dem Jugendhaus Hardehausen im Erzbistum Paderborn. Wir waren circa vierzig junge Leute und zwei junge Priester begleiteten uns. An solchen Einsätzen teilzunehmen, war damals schon eine sehr prägende Erfahrung. Bis heute bin ich stolz auf die Hausmauern, die ich dort eigenhändig gemauert habe. Auch durfte ich erleben, was es wirklich heißt, anderen in ihrer Not beizustehen, sich gegenseitig zu helfen. Aber aus heutiger Sicht waren für mich die Gespräche mit den beiden Priestern und mit anderen Teilnehmenden, die schon mehr Erfahrungen im Glauben gemacht hatten, persönlich genauso wichtig wie der praktische Hilfsdienst. Endlich konnte ich mal all meine Fragen stellen und hatte den Eindruck, ein echtes Gegenüber zu haben. Zu meiner Heimatgemeinde hatte ich damals wenig Draht und dort in Glaubensdingen nahezu keinen Ansprechpartner. Das änderte sich bei den Einsätzen; sie waren ein Geschenk und Durchbruch für mich. Auf den langen Fahrten oder an den Abenden in der Unterkunft konnte ich gar nicht genug bekommen von den Gesprächen, selbst nach den Sommercamps hielt ich noch Kontakt zu meinen Gesprächspartnern. Für mich ging es darum, viele „komische" Dinge rund um die Kirche erklärt zu bekommen (Zölibat, Sexualmoral etc.), aber auch darum, zu erfahren, wie und was ich eigentlich beten kann, warum die Messe wichtig ist oder wie ich schwierige Bibelstellen verstehen kann. Ohne diese persönlichen Gespräche wäre vieles in meinem Leben anders gelaufen.

Ich kann also gar nicht genug betonen, wie wichtig persönliche Kontakte und Gespräche für das eigene Nachspüren und Dranbleiben sind. Vielerorts lassen sich, heutzutage auch über das Internet, Ansprechpartner finden, die Glaubenszeugnisse erzählen und mit denen man ins Gespräch kommen kann. Auch hier verhält es sich in puncto Kontaktaufnahme ein bisschen wie beim Dating: Wer ist mir sympathisch? Wem würde ich mich anvertrauen? Wem traue ich zu, meiner ersten Glaubenserfahrung weiteren Schwung zu verleihen? Ich selbst habe es erlebt – solche Gespräche können das Leben grundlegend verändern.

Beten

Neben diesen zwischenmenschlichen Ankern scheint mir für das Weiterverfolgen der eigenen Glaubensahnung der Einstieg ins persönliche Beten wichtig zu sein. Das Beten ist schließlich der direkteste Draht zu Gott, mein eigener Kanal zu ihm. Interessanterweise lautet auch eine überlieferte Bitte der ersten Jesus-Schüler: *„Herr, lehre uns beten!“* (Lukas 11,1). Eine Einführung ins Beten ist also ein wesentlicher Teil der Jünger-Schule.

Was ist Gebet? Es ist eine Urgebärde des Menschen. Ich kann mich darin als Geschöpf erfahren, das seinen Ursprung und seinen Halt nicht in sich selbst trägt. Im Priesterseminar hat mein geistlicher Mentor einmal gesagt: Wir sind überhaupt erst Menschen, wenn wir uns selbst übersteigen auf den Größeren und Ursprünglicheren hin, den viele Menschen Gott und wir Christen Vater nennen. Der Grund allen Seins ist aus christlicher Sicht göttlich und persönlich, er vereint „Väterliches“ und „Mütterliches“ in sich, um uns als „seine geliebten Kinder“ wachsen und heranreifen zu lassen zu wirklichen Persönlichkeiten, die ihre Anlagen und Fähigkeiten entwickeln und ausschöpfen. Dazu ist eben die innere „Kontaktaufnahme“ und „Zwiesprache“ mit Gott von entscheidender Bedeutung.

Der irdische Jesus, in dem wir Gott erkennen und der sich selbst als Gottes Sohn bezeichnete, hat seinen Jüngern und Zeitgenossen vorgelebt, wie eine betende Existenz aussehen kann. Es wurde damit zum Gebetslehrer und Vorbild aller, die ihm nachfolgen. Seine Jünger erlebten ihn immer wieder als Betenden, der sich in die Stille und Abgeschiedenheit zurückzog: *„In aller Frühe, als es noch dunkel war, stand er auf und ging an einen einsamen Ort, um zu beten“* (Markus 1,35).

Jesus wurde nicht müde, vom Gebet zu sprechen und seinen Zuhörern zahlreiche Hinweise zur Praxis des Betens zu geben. Seine „Gebetsschule“ gipfelte schließlich im „Gebet des Herrn“, im berühmten Vaterunser-Gebet (vgl. Matthäus 6,9–13 und Lukas 11,2–4). Hier finden wir die Mitte oder das Herz des christlichen Betens. Das Vaterunser ist das Hauptgebet der weltweiten Christenheit; es ist übersetzt in über 1000 Sprachen und wird von Protestanten, Orthodoxen, Katholiken, Anglikanern und Angehörigen der Freikirchen gebetet. Seit nunmehr 2000 Jahren geben es Mütter und Väter an ihre Kinder weiter. Das sind etwa 60 Generationen.

Bevor ich einige Beispiele gebe, wie man ganz praktisch ins persönliche Beten einsteigen kann, möchte ich noch kurz mit dir überlegen, um welche Anliegen und Gefühle es beim Wunsch nach dem rechten Beten gehen könnte.

Aufrichtig beten lernen

Was hatte also die Jünger damals bewegt, Jesus zu bitten „Lehre uns beten“? Was war ihr innerer Wunsch? Sie hatten vielleicht wie viele von uns erlebt, dass in ihnen eine Sehnsucht danach existierte, von Gott berührt zu werden und seine Nähe zu erfahren. Unsere Seele gleicht in ihrer Sehnsucht nach Gott einer jungen Pflanze, die Wasser, Licht und guten Boden braucht – gute Lebensbedingungen eben und das rechte Maß an Aufmerksamkeit und Fürsorge. Doch die Jünger haben gemerkt, dass sie Gott immer wieder aus den Augen verloren hatten und sich neu aufmachen mussten. Es ist daher gut, die Gefährdungen und Abwege zu kennen, die einen am Beten hindern. Mal sind es äußere Einflüsse, die mich aus der Bahn werfen, mal bin ich es selbst, der aus Ängstlichkeit und auch manchmal aus Bequemlichkeit die Kurve ins Gebet nicht kriegt. Die Jünger spürten: Es nützt nichts, den Erschwernissen auszuweichen. Sinnvoller wäre es, in aller Aufrichtigkeit um ein ehrliches und authentisches Beten zu ringen und nach Unterstützung und Anleitung zu suchen. Schließlich geht es bei dem Wunsch ums rechte Beten auch darum, Alltags- und Gebetsleben zusammenzubringen. Gott möchte mir ja immer seine Nähe und Liebe schenken: vierundzwanzig Stunden am Tag und sieben Tage die Woche.

Wenn ich ihn dort suche, wo ich lebe und arbeite und bin, dann wird der Schritt ins ausdrückliche Beten hinein nicht mehr so schwierig – Gebet und Leben fließen dann ineinander und „befruchten“ sich gegenseitig. Grundsätzlich kann ich meine Sehnsucht nach Gott und seiner Nähe also auch leben, wenn ich unterwegs bin, einkaufe, esse, mich erhole, lese, etc. Und vielleicht bin ich dann ja sogar mit der Zeit anders unterwegs, kaufe anders ein, esse anders, erhole mich anders, lese anders, etc. Es geht darum, es auszuprobieren.

Beten lernt man jedenfalls nur durch das Beten selbst, das heißt indem man einfach anfängt. Jungen Menschen, die mich fragen, wie sie damit beginnen sollen, rate ich: Fang an mit kurzen „Gebets-Snacks", morgens nach dem Aufstehen oder am Abend vor dem Schlafengehen. Es geht um ein Zeichen der Kontaktaufnahme. Ich kann ein kleines Ritual mit einem kurzen Gebetswort verbinden. So kann ich beispielsweise am Morgen bewusst ein Kreuzzeichen machen und dabei um den Segen Gottes für den bevorstehenden Tag bitten: „Guter Gott, sei mir heute nah bei meiner Arbeit, in meinen Begegnungen und Gesprächen, in meiner Freizeit. Segne mich und alle, denen ich heute begegnen werde. Amen."

Wenn es meine Zeit erlaubt und ich schon ein wenig geübt bin, kann ich vor diesem Gebetsritual eine kurze Stille einbauen: zwei Minuten ruhiges Sitzen ohne Ablenkung und ein bewusstes Ein- und Ausatmen.

Ich kann auch damit beginnen, jeden Morgen ein kleines ausformuliertes Gebet zu sprechen, was ich als Kärtchen oder Lesezeichen auf meinem Nachttisch, der Badablage oder dem Schreibtisch hinterlegt habe; ich kann es auch auf dem Smartphone mitführen und morgens im Bus oder der Bahn beten. Als ein solch ausformuliertes und schon „vor- und durchgebetes" Gebet ist mir ein Abschnitt aus einem längeren Morgengebet von Dietrich Bonhoeffer sehr nahe: „Gott, zu dir rufe ich am frühen Morgen, hilf mir beten und meine Gedanken sammeln; ich kann es nicht allein. In mir ist es finster, aber bei dir ist Licht, ich bin einsam, aber du verlässt mich nicht; ich bin kleinmütig, aber bei dir ist Hilfe; ich bin unruhig, aber bei dir ist Frieden; in mir ist Bitterkeit, aber bei dir ist Geduld; ich verstehe deine Wege nicht, aber du weißt den rechten Weg für mich."[16]

Auch abends kann ein kurzer „Gebets-Snack" ein sehr guter Einstieg sein. Auf der Bettkante sich noch einmal kurz bewusst hinsetzen, durchatmen, eine kleine Stille halten. Dann ein kurzer Dank für den Tag („Guter Gott, ich danke dir für das Geschenk des heutigen Tages, für mein Leben, für meinen Leib, für die Menschen, denen ich heute begegnen durfte ...") und die Bitte um Vergebung für das, was mir auf der Seele lastet, was nicht gelungen war, was falsch lief („Guter Gott, ich vertraue mich deiner Barmherzigkeit an und bitte um Vergebung für ..."). Mit einem „Vaterunser"-Gebet und einem Kreuzzeichen kann ich dann ins Bett und in den Schlaf sinken. Ich sage den Studierenden gerne: Selbst wenn ihr abends völlig platt oder nach einer Feier schon ziemlich „durch" seid, ein Vaterunser und Kreuzzeichen geht immer. Beim Einstieg ins Beten ist nämlich auch die Verlässlichkeit und Treue entscheidend, nicht (allein) die Tiefe der inneren Anteilnahme.

Dieser Aspekt wird, meine ich, häufig unterschätzt. Viele sind schnell enttäuscht, weil ihnen ihr Beten nicht als „tief" und echt genug erscheint. Sie geben dann wieder auf.

Doch gerade das Dranbleiben ist ein Wert an sich und Treue in meinen Vorsätzen ist schon Gebet. Selbst ein Seufzer kann ein betender Ausdruck sein. Und kleine Stoßgebete im Alltag halten mich in Kontakt mit Gott, ohne dass das jetzt eine spektakuläre Gebetsübung wäre. Ein viel beschäftigter Freund hat mir mal gesagt: Stoßgebete sind vermutlich meine Hauptgebetsform, einfach am Tag innehalten und sagen „Oh, Jesus, was ist hier schon wieder los" und dann mit der Arbeit weitermachen.

Von diesem Fundament aus kann es beim Beten immer wieder den Sprung in nächste „Level" geben. Im katholischen Raum gibt es beispielsweise das sogenannte Stundengebet, das in Klöstern und von Priestern und Diakonen zu verschiedenen Tageszeiten (besonders am Morgen und am Abend) gebetet wird. Es besteht aus (altchristlichen) Hymnen, Psalmen, biblischen Kurzlesungen und Lobliedern, Fürbitten und weiteren Elementen. Die „Vollform" des Stundengebetes ist mittlerweile auch online abzurufen[17] oder als App erhältlich. Für den Einstieg gibt es auch sehr schöne Alltagsvarianten wie das „Te Deum" aus der Benediktiner-Abtei Maria Laach oder das „Magnificat-Stundenbuch".

Für den Abend empfehle ich für Menschen, die tiefer ins Gebet finden möchten, den aus der ignatianischen Tradition stammenden „Tagesrückblick" bzw. das „Gebet der liebenden Aufmerksamkeit". Schon vor 500 Jahren empfahl der Ordensgründer Ignatius von Loyola seinen Gefährten diese abendliche Achtsamkeitsübung. Ich selbst praktiziere diese – mit ein paar Unterbrechungen – schon seit meinem Studium. Von ihr können eine ordnende Kraft und eine Haltung der Dankbarkeit ausgehen und wachsen. Sie kann die Achtsamkeit für Gottes Führung und Wirken in meinem Leben fördern.

Für einen Rückblick braucht man circa zehn Minuten und einen möglichst ungestörten Ort. In Kurzform läuft das dann so ab: Ich sammle mich und atme einige Male bewusst ein und aus. Mit einem Kreuzzeichen öffne ich mich anschließend für Gott. Ich bitte ihn um einen ehrlichen Blick für das, was ich heute erlebt habe. Ich rufe mir Stunde um Stunde in Erinnerung und schaue so zurück auf meinen Tag. Ich lasse meinen Blick über den vor meinem inneren Auge ausgebreiteten Tag schweifen. Ich danke für alles, was gut war. Was schwierig oder schmerzhaft war, vertraue ich der Barmherzigkeit Gottes an. Dann wende ich den Blick dem kommenden Tag zu und vertraue Gott meine Pläne für morgen an. Ich bete das Vaterunser oder ein anderes passendes Gebet und segne mich mit dem Kreuzzeichen.

Exerzitien entdecken

Aus meiner Erfahrung lohnt es sich, sich neben den Gebetsübungen im Alltag immer wieder auch besondere „Intensivzeiten" für das Einüben des Betens zu gönnen. Ein Stichwort, was ich hier aber nur kurz ansprechen kann, sind „Exerzitien" (lat. exercere = üben) – „geistliche Übungen" oder Gebetsübungen, die anleiten, wie ich Gottes Gegenwart erfahren und daraus Kraft, Orientierung und eine neue Freiheit gewinnen kann für mein tägliches Leben und für meinen persönlichen Einsatz in der Welt. Hier geht es um eine Vertiefung des Glaubens und eben im besten Sinne darum, was die Überschrift dieses Kapitels ausdrückt: dem Gefühl der Sehnsucht nachzuspüren. Dafür nimmt man sich einige Tage oder am besten eine ganze Woche Zeit. Hilfreich ist auch, diese Intensivzeiten an einem besonderen Ort zu verbringen, beispielsweise in einem Kloster oder einem anderen geistlichen Zentrum.

Die Form dieser Exerzitien kann variieren. Der „Klassiker" sind sogenannte ignatianische Exerzitien, die ich auf dem Berufungscampus der Jesuiten in Frankfurt, St. Georgen, auch selbst begleite. Sie heißen „ignatianisch", weil sie auf den bereits erwähnten Ignatius von Loyola (1491-1556) zurückgehen. Er war spanischer Ritter im 16. Jahrhundert, fand schließlich zu Gott und merkte, dass man jeden Tag aufs Neue seinen lebendigen Glauben an Gott einüben muss.

Zum anderen möchte ich hier „kontemplative Exerzitien" erwähnen, weil ich einmal im Jahr an dieser Form teilnehme. Sie haben mir ganz neue spirituelle Sichtweisen erschlossen: das Ruhigwerden, das Gegenwärtig-Sein, das Horchen auf die Stille, die innere und äußere Aufmerksamkeit beim Innehalten und beim Gehen in der Natur, das Hören auf die innere Stimme und auf das Wort Gottes, das „Jesus-Gebet" und Meditieren. Die schweigende, eben kontemplative Dimension des Betens hat jedenfalls mehr und mehr Bedeutung in meinem Glaubensleben bekommen.

Gebet ist für mich allerdings keine Technik, um etwas zu „erlangen". Es ist weder eine Möglichkeit, Gottes Einstellung zu uns oder zu bestimmten Ereignissen zu verändern, noch ist es eine fromme Übung, um Gott zu beglücken, weil er sonst traurig wäre. Ich würde es eher beschreiben mit dem Gedanken: die Gegenwart Gottes, der im Verborgenen wohnt (vgl. Matthäus 6,6), erfahren und spüren, dass ich immer schon liebevoll von ihm angeschaut werde. Gebet bedeutet in diesem Sinne alle inneren Wege und Übungen zu unternehmen, die uns erlauben, Glaube, Hoffnung und Liebe innerlich zu erfahren.

Übrigens enden alle großen Gebete der Kirche mit der Formulierung „durch Christus, unseren Herrn". Wir beten also nicht *zu* Christus, sondern *durch* Christus. Genauer gesagt: Christus betet durch uns! Wir sind insofern wie Instrumente oder Stimmgabeln. Gebet bedeutet demnach, eine Stimmgabel anzuschlagen. Und dann zu horchen, wahrzunehmen. Es geht um Resonanz und Widerhall. Denn letztlich kann ich Glaube und Gebet nicht machen, ich werde vielmehr geführt, geleitet, geliebt und „durchbetet".

Insofern ist es Kernaufgabe aller guten Spiritualität zu lehren, wie wir mit dem kooperieren können, was Gott längst tun will und bereits zu tun begonnen hat. Wer dann sagen kann „Gebet geschah und ich war da; ich war dabei" und nicht mehr sagt „Heute habe ich gebetet" hat eine besonders starke Erfahrung gemacht.

6. Warum die Bibel lesen?

Was war dein letztes Buch, das du gelesen hast? Der letzte Urlaubsschmöker? Ein dicker Krimi von John Grisham, ein Thriller von Sebastian Fitzek, eine Fantasy-Trilogie oder vielleicht ein Ratgeber von Eckart von Hirschhausen? Einige lesen 500 Seiten zur Entspannung in zwei Wochen, andere sogar nur in ein paar Tagen. Wir fühlen uns mit einem Buch in andere Welten versetzt, gewinnen etwas Abstand vom Alltag und werden emotional berührt. Doch selbst wenn in vielen Wohnungen und Häusern noch irgendwo eine Bibel im Regal rumsteht, dieses Buch nehmen wir nur selten zur Hand und erst recht nicht mit in den Urlaub. – Warum lesen wir nicht mal die Bibel? Jenes Buch, über das gesagt wird, es sei wie eine Gebrauchsanweisung für das Leben.

Die Bibel vereint in sich viele gängige Genres der Literatur (Krimi, Liebesgeschichte, Weisheitssammlung, Ratgeber etc.) und hat je nach Ausgabe etwa zwei Mal 500 Seiten vorzuweisen. Warum aber tun wir uns so schwer mit diesem Buch?

Von vielen höre ich: Die Bibel sei doch ziemlich trocken, „oldschool" und eher was für Fundamentalisten. Und überhaupt … Diese alten Texte würden uns heute kaum noch etwas sagen, man könnte vieles nicht verstehen und einordnen.

Für mich persönlich steht fest: Wenn wir mehr erfahren wollen über Gott und den Sinn des Lebens, dann brauchen wir dieses Buch! Die Bibel kann nämlich zu einem einzigartigen Türöffner in die „Welt Gottes“, in eine Beziehung zu ihm werden. Dietrich Bonhoeffer meinte sogar: „Ich glaube, dass die Bibel allein die Antwort auf alle unsere Fragen ist und dass wir nur anhaltend und etwas demütig zu fragen brauchen, um die Antwort von ihr zu bekommen.“[18]

Auf meinem Weg der Suche spielte die Bibel jedenfalls eine zentrale Rolle. Ich habe ihre Kraft und Frische fulminant erfahren und dann nicht mehr von ihr lassen können. Ganz wichtig war für mich dabei die Erfahrung, dass die Worte der Bibel konkret gelebt werden können, dass sie also etwas mit meinem Leben zu tun haben. Erstmals aufgegangen ist mir das bei den schon mal angesprochenen Wiederaufbau- und Friedenscamps in Bosnien. Wir haben da als Gruppe jeden Morgen das „Tagesevangelium“ gelesen, also den Bibeltext, der in der katholischen Gottesdienstordnung für den jeweiligen Tag vorgesehen ist.[19] Und aus diesem Bibeltext hat immer jemand aus der Gruppe ein „Tagesmotto“ herausgefiltert. Das sollten wir im Herzen mit in den Tag nehmen: zu der Arbeit auf die Baustellen, zu den Gesprächen mit den bosnischen Bewohnern des Ortes, zu den Begegnungen untereinander. Und dabei ist mir wirklich etwas Überraschendes passiert: Ich habe nämlich gespürt, dass die Worte der Bibel tatsächlich etwas bewirken. Dass sie an dem Tag meine Gefühle und

> Wir brauchen die Bibel, um mehr zu erfahren über Gott

Haltungen verändert haben, und zwar positiv. Aus heutiger Sicht waren das damals keine spektakulären Tagesmottos, aber sie wirkten. Sie lauteten in etwa so: „Hab heute keine Angst!“ in Anlehnung an das Wort, das Jesus an seine verängstigten Jünger auf dem See richtet. Oder: „Immer den ersten Schritt zur Versöhnung gehen“ und „Nicht aufhören zu lieben“. Dadurch wurde mein Interesse geweckt und ich begann, auch nach den Camps in der Bibel zu lesen. Bis heute bin ich immer wieder neu von Bibelstellen fasziniert; vor allem von dem, was aus dem Leben von Jesus überliefert ist, und davon, wie Paulus das in seinen Briefen aufgreift. Es kommt mir darauf an, die Worte nicht als tote Buchstaben, sondern als Kraftquellen zu verstehen, aus denen wir schöpfen dürfen. Man muss sich in den Bibeltext hineinbegeben, in ihm leben und den Buchstaben nach außen hin „biegen“ und weiten. Und zwar konkret. Als Orientierung für bestimmte Situationen, als Entscheidungshilfen, auch als stille Begleiter für das Alltagsleben. Der „Drive“ der Worte von Jesus geht dabei deutlich Richtung Vertrauen, Versöhnung und Verbindung mit Gott und dem Himmel. Die Worte der Bibel haben eine ungeheure Kraft. Selbst – oder gerade – ein Nichtchrist wie Mahatma Gandhi hat dieses Potenzial der Bibel tiefgründig gespürt: „Ihr Christen habt in eurer Obhut ein Dokument mit genug Dynamit in sich, die gesamte Zivilisation in Stücke zu blasen, die Welt auf den Kopf zu stellen; dieser kriegszerrissenen Welt Frieden zu bringen. Aber ihr geht damit so um, als ob es bloß ein Stück guter Literatur ist, sonst weiter nichts.“

Die Bibel als Gesprächsangebot Gottes

Entscheidend ist aus meiner Sicht, die Worte der Bibel wirklich als „Gottes Wort“ anzunehmen und sei es auch zunächst nur „versuchsweise“. Das heißt, wir können einmal so tun „als ob“. Als ob darin Gott wirklich zu mir sprechen würde.

In der Theologie werden die biblischen Schriften als „vom Heiligen Geist inspirierte Texte“ bezeichnet. Das ist eine schöne Formulierung. Die Bibel ist von einem anderen als nur dem menschlichen und innerweltlichen Geist inspiriert. Sie ist etwas außerhalb meiner selbst, größer als ich mit meiner begrenzten Erfahrung. Und dann können wir auf die Wirkung schauen, die das auf unser Leben, unseren Alltag hat. Jesus sagt immer wieder: *„An den Früchten werdet ihr das Gute erkennen“* (vgl. Matthäus 7,16). Das gilt auch für dieses Bibel-Experiment: Wird mein Leben durch die regelmäßige Inspiration aus Bibelstellen gelassener, vielleicht freudiger, entschiedener und hoffnungsfroher? Zum Wort Gottes werden die biblischen Worte eben dann, wenn sie ein Ereignis in mir werden, wenn sie etwas auslösen, wenn sie mich stören oder wenn sie mich trösten; wenn sie mich verunsichern oder wenn sie mich verändern.

Worte wirken, Worte bewirken etwas. Beim Propheten Jesaja sagt Gott: *„So ist es auch mit dem Wort, das meinen Mund verlässt: Es kehrt nicht leer zu mir zurück, ohne zu bewirken, was ich will, und das zu erreichen, wozu ich es ausgesandt habe“* (Jesaja 55,11). Christen glauben: Gott spricht zu uns Menschen durch die Bibel! Nach dem Johannesevangelium ist Jesus das Wort Gottes in Person (der „Logos"). Und im Hebräerbrief steht: *„In der Vergangenheit hat Gott immer wieder und auf vielfältige Weise durch die Propheten zu unseren Vorfahren gesprochen. Doch jetzt, in dieser letzten Zeit, sprach Gott durch seinen Sohn zu uns"* (Hebräer 1,1–2). Wir können Gott „hören" im Sohn, in den Worten und Taten Jesu.

Ich verstehe die Bibel als Gesprächsangebot Gottes. Das für die katholische Kirche bedeutsame Zweite Vatikanische Konzil drückte das so aus: „In den Heiligen Büchern kommt ja der Vater, der im Himmel ist, seinen Kindern in Liebe entgegen und nimmt mit ihnen das Gespräch auf" (Dei verbum Nr. 21). Daher sagt der Lektor in der Messe auch sehr zutreffend nach dem Vortrag der Lesung: „Wort des lebendigen Gottes."

Im Grunde ist die Geschichte der jüdischen und der christlichen Religion ein fortwährendes Gespräch Gottes mit den Menschen, ein Kommunikationsgeschehen. Ein Gespräch, ein Dialog, der mit unseren Urahnen („Adam und Eva" werden die in der Bibel genannt) begann und der von Gott eröffnet worden ist. Dieses Gespräch ist manchmal klar und flüssig, manchmal aber auch stockend oder nahezu verstummend. Mich fasziniert dieser Gedanke eines uralten und tiefgründigen Gesprächsfadens oder Gesprächsflusses. Dieser ist das Fundament unseres Glaubens: Gott sucht den Kontakt zu uns Menschen, den Dialog; er „spricht" zu uns. Das bedeutet zugleich: Der Gesprächsfaden ist schon da; ich muss den nicht von mir aus starten. Ist das nicht tröstlich und entlastend? Einer hat schon den Einstieg ins Gespräch gemacht. Auch wenn Jesus spricht, lehrt oder ruft, symbolisiert das den Dialog Gottes mit den Menschen: „*Und das Wort, das ihr hört, stammt nicht von mir, sondern vom Vater, der mich gesandt hat*“ (Johannes 14, 24). Diese Erfahrung haben die Jünger mit Jesus gemacht und viele andere Menschen, die ihm begegnet sind. Sie haben gespürt, dass da nicht nur irgendein Mann aus Nazareth sprach, sondern das „Sprachrohr Gottes“, die Stimme Gottes selbst.

Ich selbst darf mich also einklinken in das fortwährende Gespräch Gottes mit der Menschheit. Was ist heute sein Wort an mich? Viele Christen berichten jedenfalls davon, dass sie an einem bestimmten Punkt ihres Lebens ein Wort Gottes, ein Satz der Bibel besonders berührt und „getroffen“ hat. Dadurch hat sich dann ihr Leben verändert. Ein bekanntes Beispiel ist aus der Biografie des Heiligen Franziskus von Assisi überliefert. Nach langer und mühevoller Suche nach tieferem Sinn und einem erfüllenden Weg findet Franziskus endlich seine Antwort, als er in einem Gottesdienst die Schriftstelle hört, wie Jesus seine Apostel aussendet. Das Evangelium jenes Tages, dem Franziskus aufmerksam in einem kleinen Landkirchlein lauscht (Portiuncula), erzählt davon, wie Jesus seine Freunde mit leeren Händen aussendet, um die Frohe Botschaft in die Städte und Häuser zu tragen, Menschen aus ihren Nöten zu befreien und Frieden zu bringen. Der damals nach seiner „ersten Berufung“ als Einsiedler lebende Franziskus versteht: Das, was mir hier im Wort Gottes begegnet, das möchte ich leben. Er findet seine Lebensaufgabe: Er möchte als Laie das Leben der Apostel führen. Es ist für ihn eine „evangelische Erweckung“, eine „zweite Berufung“. Das schon begonnene Leben als Armer an der Seite der Armen wird er fortsetzen, aber nun in Gemeinschaft, mit Gefährten und mit einer Mission: den Menschen Befreiung und Friede zu verkünden; heute oft in der Assisi-Formel „pace e bene“ zusammengefasst.

Das Wort Gottes kann also lebensverändernde Kraft entfalten. Es drängt vom Hören zum Leben, auch wenn ich zunächst vielleicht beunruhigt bin von der Botschaft, die mir aus der Bibel entgegenkommt.

Mark Twain hat das etwas „sophisticated“ so ausgedrückt: „Die meisten Menschen haben Schwierigkeiten mit den Bibelstellen, die sie nicht verstehen. Ich für meinen Teil muss zugeben, dass mich gerade diejenigen Bibelstellen beunruhigen, die ich verstehe.“ Im Jakobusbrief wird eindringlich dazu aufgerufen, eine Brücke vom Wort zum Leben zu schlagen: *„Werdet aber Täter des Wortes und nicht nur Hörer, sonst betrügt ihr euch selbst!“* (Jakobus 1,22).

Wort Gottes leben

Was können nach der Bibel die Wirkungen sein, wenn ich beginne, das Wort Gottes zu leben?

Das Wort Gottes führt uns in die Gemeinschaft mit Gott, in die große Ur-Liebe: *„Wenn jemand mich liebt, wird er mein Wort halten; mein Vater wird ihn lieben und wir werden zu ihm* *kommen und bei ihm Wohnung nehmen*" (Johannes 14,23). Die Worte Jesu fügen uns in eine große universale Gemeinschaft ein. Sie gelten universal, sie bewahrheiten sich zu jeder Zeit und an jedem Ort: *„Himmel und Erde werden vergehen, aber meine Worte werden nicht vergehen*" (Matthäus 24,35). Ein Leben nach Gottes Wort schenkt Seligkeit und innere Erfüllung: *„Selig sind vielmehr die, die das Wort Gottes hören und es befolgen*" (Lukas 11,28). Schließlich kann das Wort Gottes auch Irrtum und Falschheit aufdecken und tiefe, wahre Erkenntnis schenken: *„Dein Wort ist Wahrheit*" (Johannes 17,17).

Diejenigen, die sein Wort in die Tat umsetzen, vergleicht Jesus mit einem Haus, das auf Felsen gebaut ist (Lukas 6,47–49): Es können Prüfungen kommen, Versuchungen, Zweifel, Orientierungslosigkeit, aber solche Menschen bleiben fest auf dem Weg des Evangeliums, hören nicht auf, an das Wort Gottes zu glauben, weil sie erfahren haben, dass es wahr ist. Das Wort Gottes vermag es, unsere Angst um uns selbst aufzubrechen. Es kann unseren Egoismus zähmen und unser Denken, Wollen und Handeln neu gestalten in die Art Jesu. Durch die Bibel greift die Logik Gottes mehr und mehr in uns Raum, wir lernen die Mentalität des Evangeliums kennen und wir können so mit neuen Augen sehen.

All das wird für mich wunderbar zusammengefasst im Wort von Frère Roger, dem „Gründer" der geistlichen Gemeinschaft von Taizé: „Lebe das, was du vom Evangelium verstanden hast. Und wenn es noch so wenig ist. Aber lebe es."

Wie die Bibel lesen?

Mit welcher Erwartungshaltung sollte ich nun ans Lesen der Bibel gehen?

In diesem Zusammenhang sind mir Impulse aus der benediktinischen Tradition sehr wichtig geworden. Die regelmäßige und tägliche Bibellesung ist in der benediktinischen Ordenstradition ein Hauptpfeiler der Spiritualität.

Eine großartige Entdeckung waren für mich die Gedanken des Trappistenmönches Michael Casey.[20] Diesen geistlichen Autor, der in Australien in einem strengen Kloster lebt, hatte mir ein Priesterkollege mal empfohlen. Von Casey habe ich viel gelernt hinsichtlich der Frage, mit welcher Haltung ich ans Lesen der Bibel herangehen kann und welche Werte dabei hilfreich sind. Die folgenden Gedanken sind davon inspiriert:

Die christliche Annahme ist, Gott richtet sein Wort an uns zu unserem Heil, das heißt, um uns zu stärken, zum Guten zu führen und uns zu befreien. Dabei kann es vorkommen, dass seine Heils- und Heilungsworte manchmal unseren eigenen Wünschen und Erwartungen zuwiderlaufen. Es geht darum, sich dem Wort Gottes ohne Abwehrhaltung zu nähern, mit der grundsätzlichen Bereitschaft, sich formen und auch herausfordern zu lassen.

Die alten Mönche liebten dafür das folgende Bild: Wir sind wie ein Schüler, der zu seinem Meister kommt und bereit ist anzunehmen, zu lernen, sich zu ändern. Das bedeutet konkret, dass wir bei dem, was uns in der Bibel begegnet, nicht allzu wählerisch sein sollten. Gott möchte uns wohl berühren, indem er uns über unsere Bequemlichkeit hinaus auf neues Land und zu neuen Abenteuern führt. Wir werden herausgefordert, über unsere bisherigen Vorstellungen von einem guten Leben hinauszugehen.

Der größte innere Feind beim Lesen der Bibel ist oft eine intuitive Verweigerung, uns über die Enge der eigenen Vorurteile und teilweise auch frommer Wünsche und Routinen hinaus zu bewegen.

Wie bei allen geistlichen Prozessen geht es auch beim Lesen der Bibel darum, Kontrolle abzugeben und sich mit innerer Freiheit den biblischen Worten zu nähern. Mir hilft da immer ein Leitsatz der Psychotherapie: „Loose your mind and come to your senses."

Wir dürfen also das Risiko eingehen, uns wirklich von dem bewegen zu lassen, was wir vor uns haben, und dem Text zu erlauben, zu unserem Herz und in unser Gewissen zu sprechen, ohne Vorabzensur. Es geht um eine innere Bereitschaft, dass die biblischen Worte unseren Blick in eine Richtung lenken dürfen, die wir zuvor nicht wahrgenommen haben. Daher ist es wichtig, nicht immer nur unser eigenes Programm zu verfolgen und nur die Stellen in der Bibel zu lesen, die wir eh schon kennen. Das wäre dann wie bei einer Playlist auf dem Smartphone, wo im Display wiederkehrend erscheint „Zuletzt gehört" oder „Das könnte dir auch gefallen". Mit einer solchen „Playlist" bleiben wir in einer Blase und bewegen uns in eingefahrenen Spuren. Doch wie kann das Wort Gottes uns von eigenen Ideen und vorgefassten Mustern befreien?

Die Antwort lautet: Die Bibel kann wohl nur dann ihre heilende Kraft entfalten, wenn wir ihr erlauben, unsere üblichen Meinungen und unsere Verhaltensweisen infrage zu stellen.

Achte bei Gelegenheit doch mal darauf, wie bestimmte Personen und Gruppen mit der Bibel umgehen. Wie Leute Verfolgung und Diskriminierung mit der Bibel rechtfertigen. Bei ihnen wird die Bibel schnell zu einer Art Handpuppe: Sie plappert irgendwann nur die eigenen Worte und Meinungen nach. Die Bibel aber möchte ein echtes alternatives Gegenüber sein. Sie ist die Einladung über das hinauszuwachsen, was wir im Moment sind und möchte neue Aspekte in unsere persönlichen Ansichten integrieren. Das gilt auch in Bezug auf die Gesamtkirche. Die Bibel ist in einem gewissen Sinne das „Korrektiv“ der Kirche an sich. Daher wurde zeichenhaft sehr treffend während der Plenarversammlungen des Zweiten Vatikanischen Konzils (1962-1965) ein kostbares Evangeliar im Zentrum der Konzilsaula inthronisiert. So wurde verdeutlicht, dass das Wort Gottes die Mitte und Seele, aber auch die Richtschnur theologischen Denkens sein soll.

Lesen und Verstehen brauchen Zeit

Neben der Bereitschaft, sich durch die biblischen Worte in neue Welten führen zu lassen, braucht es natürlich auch eine Portion Geduld und letztlich Zeit, die Bibel zu lesen. Etwas, das persönlichen Invest bedeutet gegen den aktuellen Strom der Devise „schnell, einfach, direkt“. Viele wollen beispielsweise mit dem Lesen eines Sachbuchs schnell fertig werden, um zu einem Thema eine Position beziehen zu können. Und so gibt es bereits etliche Anbieter, die die komplexen Inhalte stichpunktartig in wenigen Minuten, mit Schlagworten versehen, zusammenfassen.

Beim Dreh der Folgen zum Pro7-„Motzmobil“ stehe ich selbst vor einer ähnlichen Herausforderung. Am Ende jeder Folge habe ich für das Schlusswort, das die wesentliche Botschaft rüberbringen soll, nur zwanzig Sekunden Zeit. Das bedeutet, kompakt abzuliefern.

In gewissen Bereichen, beispielsweise Social-Media-Kanälen, kann das Fokussieren auf das Wesentliche tatsächlich ein akzeptables und stimmiges Verfahren sein. Was eine Einführung in die Bibel betrifft, kommen wir mit dieser Haltung aber nicht sehr weit. Ähnlich verhält es sich allgemein mit dem geistlichen Leben. Wenn uns etwas – beziehungsweise die Bibel – wirklich berühren und nähren soll und wir uns nicht mit vorgekauten, kleinen Häppchen abspeisen lassen wollen, werden wir uns neue Fähigkeiten, neue „Tools“ erobern müssen. Und das bedeutet, Geduld zu haben.

In der Bibel zu lesen, darf man sich nicht vorstellen wie das Trinken eines Zaubertranks, durch den auf einmal alle Lebensprobleme und Glaubensfragen gelöst werden. Auch stellt sich dadurch nicht direkt ein harmonisches und ruhiges Gefühl ein. Vielmehr würde ich das persönliche Annähern an die Bibel, den Umgang mit ihren Worten, als einen vorsichtigen, langsamen Tauchgang beschreiben. Langsam, je tiefer ich vordringe, darf ich mich an den sich ändernden Druck gewöhnen.

Ein anderes Bild, das ich für die Bibel-Lektüre treffend finde, ist das Betreten einer Höhle. Wir müssen dabei unseren Augen erst Zeit geben, sich an das schwächere Licht zu gewöhnen. Irgendwann sehen wir in der Höhle dann klar und deutlich die Beschaffenheit des Inneren.

Jesus selbst gebraucht das bekannte Bild vom Senfkorn (vgl. Markus 4,30–34). Demnach verhält sich das Vertiefen in die Bibel wie das Einsäen eines Senfkorns: Es ist ein sehr kleines Korn, ein sehr unscheinbarer Anfang. Aber mit Geduld und Vertrauen kann daraus etwas sehr Schönes und Lebendiges wachsen. Ein Organismus, der Schatten spendet und einen selbst wie auch andere zu ernähren vermag. Jesus macht aber sehr deutlich: Das alles geschieht nicht sofort. Das Bibellesen, Gott selbst, bringt keine schnellen Ergebnisse, die sofort satt machen oder alle Probleme lösen. Das Reich Gottes kann nicht per Knopfdruck herbeigeführt werden. Gerade in unserer digitalisierten Lebenswirklichkeit, in der oft ein Click genügt, um das Ergebnis herbeizuführen, ist das manchmal schwer auszuhalten. Doch so verhält sich weder die Logik der Bibel noch die Logik Gottes. Geduldige Aufnahmebereitschaft ist folglich besser als das Verlangen nach schneller Erleuchtung.

Zeit nehmen statt finden

Wie man es auch dreht und wendet: Soll die Bibel tatsächlich eine Kraftquelle für mein Leben sein, so muss ich mir Zeit für sie nehmen. Der von mir so geschätzte Mönch Michael Casey legt auf diesen Aspekt besonderen Wert. Es gehe um ein „Zeit nehmen“ nicht ein „Zeit finden“. Er meint damit, dass für die meisten von uns freie und verfügbare Zeit ja nicht einfach so im Alltag herumliegt und nur darauf wartet, entdeckt zu werden. Nein, wenn ich etwas Wertvolles und Lohnendes in meinen Tagesablauf einpflegen möchte, dann wird das immer auch auf Kosten anderer nützlicher und wünschenswerter Aktivitäten gehen. Für mein Zeitmanagement bin ich selbst verantwortlich; ich bin nicht nur ein Opfer von Zwängen und äußeren Notwendigkeiten. Also muss ich Prioritäten setzen und mir Zeit für das Lesen in der Bibel reservieren, ob nun einmal in der Woche oder täglich. Das Ganze kann so zu einer kurzen Auszeit im Alltag werden. Lesen schafft jedenfalls für mich einen heilsamen Abstand zum Alltag und zum Lärm des Hier und Jetzt.

In der Kunst bezeugen viele großartige Gemälde, welch ein schöner Anblick ein ins Lesen vertiefter Mensch ist. Von ihm geht eine gewisse Ruhe und Sammlung aus. Ein bemerkenswerter Kontrast, wie ich finde, zum Anblick von Menschen, die vor dem Fernseher, Flatscreen oder Smartphone hängen. TV und Internet sind Medien, die kurzfristige Emotionen wecken. Sie überschwemmen uns mit oft stumpfsinnigen Worten und oberflächlich glänzenden Bildern, manche Bilder manipulieren uns gar. Ein Buch hingegen ist ein Medium, das uns einlädt, zurückzutreten und die Dinge neu und kritisch zu betrachten.

Beim „Zeit nehmen“ empfehle ich aus eigener Erfahrung den Sonntag als Tag fürs Bibellesen. Selbst im modernen Wochen- und Tagesrhythmus ist er wohl der Tag, an dem ich mir am ehesten eine gewisse Zeit für die Lektüre „freischaufeln" kann: vor oder nach dem Sport, den viele ja auch sonntags treiben, nach einem Spaziergang am Nachmittag oder, wenn ich einen Gottesdienst besuche, vielleicht vor der Messe, indem ich etwas früher in der Kirche Platz nehme.

Eine solche Praxis des sonntäglichen Bibellesens liegt auch sehr schön auf der Spur der biblischen Weisung, den „Sabbat zu heiligen". Ich gebe diesem Tag dann eine besondere Wertigkeit und gehe – bildlich gesprochen – zur Quelle, um erfrischendes Wasser zu schöpfen.

Wo fange ich an?

Der Anfang eines Projekts entscheidet vielfach schon in erheblichem Maße über den „Erfolg" des ganzen Unternehmens. Oder mit den Worten Goethes gesprochen: „Wer das erste Knopfloch verfehlt, kommt mit dem Zuknöpfen nicht zurande." Sorgfältig das Buch oder die Texte auszuwählen, mit denen man zu Beginn einige Zeit verbringen möchte, ist daher klug und angemessen. Allerdings gibt es keine allgemeingültige und einzig richtige Reihenfolge. Vielmehr ist die Auswahl des biblischen Buches, mit dem man beginnen möchte, etwas sehr Persönliches, etwa vergleichbar mit der Auswahl von Freunden. Auch die eigene aktuelle Lebenssituation, die gegenwärtige Beziehung zu Glaube und Kirche sowie die Vorerfahrung oder Vorkenntnis können da von Bedeutung sein.

Ähnlich wie bei Ernährungsplänen ist auch bei einem „Bibel-Leseplan“ auf jeden Fall auf Abwechslung zu achten: vom Alten zum Neuen Testament, von Johannes zu Paulus, von einem kürzeren zu einem längeren Buch.

Die Bibel ist eine große Sammlung von Büchern; sie besteht (folgt man der Zählung und Buchauswahl der sogenannten Einheitsübersetzung) aus 73 Büchern (46 im Alten oder Ersten Testament, 27 im Neuen Testament). Doch welches Buch sollte man zuerst lesen? – Hier meine persönlichen Empfehlungen: Beginne mit einem der Berichte über Jesus, also mit einem der vier Evangelien aus dem Neuen Testament. Denn beim Lesen der Bibel geht es ja letztlich darum, Jesus und seinen Vater näher kennenzulernen. Der Kirchenvater Hieronymus hat es mal so ausgedrückt: „Wer die Schrift nicht kennt, kennt Jesus nicht.“

Das Lukas- oder das Markusevangelium sind meine Favoriten für den Einstieg. Lukas ist ein wunderbarer Erzähler, er hat einige der schönsten Worte und Gleichnisse von Jesus überliefert, beispielsweise das Gleichnis vom verlorenen Sohn und vom barmherzigen Samariter. Außerdem hat er sich tiefgründig mit der Kindheit Jesu beschäftigt und die „Weihnachtsgeschichte“ aufgeschrieben.

Markus wiederum konzentriert sich auf das Wesentliche, ohne große Ausschmückungen. Seine Erzählungen sind kurz, eckig und kantig, da geht‘s ordentlich zur Sache. Ein Student, den ich aus der Hochschulgemeinde kenne, hat in der letzten Fastenzeit das Markusevangelium in wenigen Tagen ganz gelesen und war richtig ergriffen. Er erzählte mir, er habe sich so gefühlt, als sei er wirklich in den Fußspuren Jesu unterwegs gewesen.

Anschließend könnte ein Sprung ins Alte Testament zu den Psalmen passend sein. Jesus selbst hat wohl auch aus den Psalmen gelebt und diese immer wieder gebetet. Mit ihm an der Seite kann ich mir diese Sammlung von Gebeten und Liedern für meine persönliche Lebenssituation erschließen. Alles, was das menschliche Leben ausmacht, kommt darin vor: Dank, Bitte, Wut, Zweifel, Klage, Lobpreis, Sünde, Tod, Hoffnung und vieles mehr.

Eine ältere Frau hat mir erzählt, dass sie in der Corona-Zeit die Psalmen neu für sich entdeckt habe. Sie sei viel allein gewesen und habe in dieser Situation nach und nach alle Psalmen gelesen, beziehungsweise fast mehr gebetet. Darin habe sie sehr viel Trost gefunden und gemerkt: Die Gefühle, die in den Psalmen enthalten sind, waren vielfach auch ihre Gefühle: die Bitten an Gott, Wut über die eigene Situation, Fragen an Gott, aber auch der Dank.

Wer Abenteuergeschichten und viel „Action“ mag, für den ist die Apostelgeschichte das richtige Buch. Was Petrus und Paulus so alles in den ersten Jahrzehnten der Kirche erleben, ist schon atemberaubend. Sicher gehört irgendwann auch ein Paulusbrief auf den Plan. Ich empfehle da den Römerbrief und den ersten Brief an die Gemeinde in Korinth.

Im Alten Testament habe ich mir nach und nach die ersten beiden Bücher erschlossen: Genesis und Exodus. Im Mittelpunkt stehen darin die beiden wohl mächtigsten Erzählungen der Menschheitsgeschichte, nämlich die Geschichte von

Adam und Eva und im Buch Exodus der Auszug der Israeliten aus der Sklaverei in Ägypten. Geschichten, die die Welt und die Religion verändert haben.

Eine wichtige Frage beim Start des persönlichen Bibelprojekts ist sicherlich die nach der geeigneten Übersetzung.[21] Die Standard-Variante, die ein verlässlicher Begleiter sein kann, ist die von der katholischen Kirche mit herausgegebene und favorisierte „Einheitsübersetzung"; aktuell liegt sie in der Version von 2016 vor. Ich persönlich mag am liebsten die Übersetzung „Hoffnung für alle" und für das Neue Testament die daran angelehnte Version von Albert Kammermeyer mit dem Untertitel „Eine Übersetzung, die unsere Sprache spricht". An dieser Version habe ich während meines Auslandsstudienjahres in Rom selbst mitgearbeitet. Kammermeyer hatte nämlich einen Kreis von deutschen Theologiestudenten um sich versammelt, um seine Bibelübersetzung abschließen zu können. Da ich ohnehin von der Bibel und ihrer Kraft fasziniert gewesen bin, war es für mich eine großartige Erfahrung, ganz direkt an und in den Text zu gehen. Zweimal in der Woche saß ich mit Kammermeyer am Tisch über den biblischen Texten. Wir haben auf der Grundlage der wissenschaftlichen Bibelforschung zusammen überlegt und diskutiert, welche deutschen Worte und Formulierungen den Inhalt des griechischen Originals wohl am besten wiedergeben würden. Besonders wichtige Prinzipien der Übersetzung waren: Treue zum Original, größtmögliche Verständlichkeit und zugleich ein schönes, gepflegtes Deutsch.

Tipps fürs Bibellesen

Die Bibelausgabe „Hoffnung für alle“ stellt im Vorwort einige empfehlenswerte Tipps für „Bibellesegourmets“ zusammen, von denen ich die wichtigsten herausgreifen und einige weitere ergänzen möchte:

Lies die Bibel systematisch

In manchen Kreisen ist es üblich, die Bibel an einer zufälligen Stelle aufzuschlagen und den erstbesten Text zu lesen, der einem in den Blick kommt. Die so „gefundene“ Stelle wird dann als ein Akt der Vorsehung direkt mit Gott in Verbindung gebracht. Das mag im Einzelfall einmal hilfreich sein, aber auf Dauer verwirrt das, denn der Zusammenhang einer Schriftstelle wird völlig ausgeblendet und man stolpert von Textbaustein zu Textbaustein. Das jeweilige biblische Buch wird damit sicher nicht ausreichend ernst genommen, im schlimmsten Falle ist diese Praxis sogar etwas abergläubisch. Buchweise die Bibel zu lesen, beinhaltet viele Vorteile.

Lies die Bibel mit allen Sinnen

Beim Bibellesen geht es auch darum, dass innerlich etwas ins Schwingen kommt. Ein bloßes intellektuelles Verstehen oder nette Gefühle allein sind auf Dauer zu wenig. „Wer fühlt, was er sieht, tut, was er kann“, dieser Spruch beschreibt sehr schön die Wechselwirkung, die zwischen intensivem, sinnlichem Bibellesen und meinem Alltagstun entstehen kann. Stell dir daher den Ort, die Personen und die Handlungen im Text möglichst konkret vor. Das ist in etwa vergleichbar mit einer Bühnenkulisse, auf der ein Theaterstück stattfinden soll. Oder auch mit der Arbeit eines Regisseurs, der sich Filmszenen überlegt und diese vorbereitet. Soweit es geht, kann man sich die handelnden Personen und den Ort der jeweiligen Episode plastisch vorstellen. Denn spricht mich eine biblische Figur, eine Personengruppe oder ein Wort aus der Bibel besonders an, verweile ich dabei. Hilfreich können da auch Fragen sein, die man sich stellt: Wie sah der barmherzige Samariter aus? War er froh über seine Geschäfte, freute er sich auf seine Familie? War er erschöpft? Wie ging es dem Verletzten? Blutete er? Lag er auf der Straße oder sehr versteckt am Rand? Oder: Welchen Blick hatte Jesus, als er vom Ölberg auf Jerusalem schaute?

Es macht nichts, wenn du eine Stelle nicht direkt verstehst

Bleib bei dem, was sich dir gerade erschließt und behalte deine Fragen im Herzen oder lies einen fachkundigen Kommentar. Einiges wird sich mit zunehmender Lektüre zeigen, anderes kannst du nach und nach im Gespräch und mit Hintergrund-Büchern zur Bibel näher einordnen.

Suche nicht krampfhaft nach verborgenen oder geheimen Bedeutungen einer Bibelstelle. Besonders fantastische oder abgehobene Auslegungen mögen vielleicht hier und da Eindruck schinden, sie verdecken aber häufig den eigentlichen Sinn. Bleib zunächst bei den Textaussagen, wie sie dir begegnen. Vergiss nicht: Letzten Endes ist die Bibel kein „Horoskop" und sagt nicht deine persönliche Zukunft voraus. Geh also mit einer gewissen Nüchternheit ans Werk und gib dem Bibeltext die Chance, auch seinen objektiven Sinn zu zeigen.

Tausche dich mit anderen aus

Die „Früchte des Evangeliums" werden umso reicher, je mehr ich sie mit anderen teile. Es geht im Christentum nicht nur ums Teilen der materiellen Güter (Almosen geben, Nächstenliebe), sondern auch um ein Teilen der geistigen Gaben und Erfahrungen. Es kann hilfreich sein, sich mit Gleichgesinnten über das Wort Gottes auszutauschen und vor allem auch über die Wirkungen, die es hervorbringt. Wenn ich ein Brot oder ein Stück Kuchen teile, besitze ich danach nur noch die Hälfte; teile ich aber die Erfahrungen mit Gottes Wort, habe ich danach ein Vielfaches.

Lerne wichtige Worte auswendig

Versuche gewisse Kernworte der Bibel auswendig zu lernen oder auch als kleine zeichenhafte Erinnerung bei dir zu tragen, beispielsweise in Form eines Zettels im Portemonnaie oder einer Karte auf dem Schreibtisch. So wie man heutzutage das Smartphone ständig dabeihat, so können auch Worte aus der Bibel Begleiter im Alltag sein.

Die Rolle des Verstandes

Man kann nur etwas und jemanden lieben, wenn man es/ihn auch immer besser verstehen lernt. Das gilt auch für die

Bibel. Einerseits sind beim Bibellesen die persönlichen Erfahrungen mit den Texten und der intuitive Zugang sehr bedeutsam – sie selbst zu lesen, zu spüren und wahrzunehmen, was da an Botschaft im jeweiligen Text für mich drin ist. Die Bibel ist aber nicht einfach harmlos oder immer sofort einsichtig. Ich denke, ein nicht unerheblicher Teil von Menschen sucht auch einen rationalen Zugang und fragt, was denn dieses Buch von einem „Märchenbuch" oder einem fiktionalen Erzählwerk unterscheidet. Daher ist andererseits in Bezug auf die Bibel die Rolle des Verstandes zu betonen.

Schon in der Bibel selbst ist in der Apostelgeschichte (8,30) die Frage überliefert: *„Verstehst du auch, was du liest?"* Das fragt der Apostel Philippus einen suchenden Menschen aus Äthiopien, der gerade im Buch Jesaja aus der Bibel liest. Seine Antwort: „Wie könnte ich es, wenn mich niemand anleitet?"

Hier wird deutlich, wie wichtig und wertvoll Anleitung und Begleitung beim Bibellesen durch andere erfahrene Gläubige sind. Bestenfalls geschieht eine solche Hinführung zu biblischen Texten auch in den Predigten in Gottesdiensten, wobei viele leider die Erfahrung gemacht haben, dass gute biblische Predigten oft Mangelware sind. Aus meiner Sicht geht kein Weg an den Erkenntnissen der modernen Bibelwissenschaft vorbei, die sehr detaillierte und tiefsinnige Einsichten zum Hintergrund und zum Verständnis der biblischen Schriften zutage gefördert hat. Dabei spielt die universitäre Theologie eine entscheidende Rolle. Ich möchte dazu ermutigen, das eine oder andere Fachbuch zur Bibel zu lesen[22] und auch Vorträge von Bibelwissenschaftlern zu besuchen (an der Uni selbst, in Gemeinden oder auch über die Volkshochschulen). Es gibt glücklicherweise mittlerweile ebenso einige gute Internetangebote, bei denen Zugänge zur Bibel vermittelt werden, die auf der Höhe der aktuellen Forschung sind.[23]

Von manchen Gläubigen wird mit Blick auf die Bibelwissenschaft der Verdacht geäußert, durch eine rationale Annäherung an die Bibel könnte der persönliche Glaube zerstört werden, weil alles infrage gestellt werde. Diese Ansicht teile ich nicht und ich habe das auch gänzlich anders erlebt. Vielmehr eröffnen sich dadurch für mich neue Horizonte des Verstehens und der Glanz und die Besonderheit der biblischen Schriften treten für mich durch die auch rationale Beschäftigung mit dem Buch der Bücher noch klarer hervor. Der Weg zu einem erwachsenen Glauben wird bereitet. Hier gilt die eingangs erwähnte Einsicht: Man kann nur das lieben, was man immer besser verstehen lernt. Glaube (Liebe) und Vernunft gehören für mich im Christentum zusammen. In diesem Sinne ist die Botschaft der Bibel auch nicht unvernünftig oder gar irrational.

Ermutigungen

Es lohnt sich, die Bibel zu lesen und in eine andere und oft überraschende Welt einzutauchen. Das Bibellesen kann uns dabei eine Idee und Vorstellung vom Sinn und Ziel unseres Lebens schenken. Das ist mir kürzlich bei einem Impuls in der Hochschulgemeinde noch einmal besonders bewusst geworden. Diese Erfahrung möchte ich als Ermutigung zum Abschluss dieses Bibelkapitel mit dir teilen:

Bei einem Gemeindeabend ging es darum, das Evangelium in nur drei Sätzen zusammenzufassen. Wie kann man die Botschaft der Bibel auf den Punkt bringen? (Wie würdest du es formulieren?) Fasziniert hat mich das Statement eines Studenten der Sportwissenschaften: „Eine Frohe Botschaft erleben und Gott spüren, ihm vertrauen. Es gibt ein Leben nach dem Tod und jeder Tag kann ein Neuanfang, eine Auferstehung sein. Vergebung und Sündenerlass sind möglich."

Ein Theologe notierte: „Gott ist Mensch geworden und lässt die Menschheit teilhaben an seiner Göttlichkeit. Wir haben einen mitgehenden Gott, einen Gott-mit-uns. Seine Liebe übersteigt den Tod und führt in ein Leben in Fülle: schon jetzt und bald vollkommen."

Und das waren und sind meine drei Sätze: „Du, Mensch, bist gewollt und kannst dem Leben trauen, weil Gott dir zugewandt und in der Welt gegenwärtig ist. Jesus hat für uns den Himmel geöffnet. Hab keine Angst."

„Wir wissen so wenig, wo wir herkommen, als wo wir hingehen, noch was wir hier eigentlich sollen und sind: und wir haben nichts in Händen, darauf wir uns verlassen und damit wir uns trösten und unser Herz stillen können. Aber Gott hat unser Herz gestillt durch seine Schrift, die er selbst frommen und heiligen Männern eingegeben hat, und die darum die Heilige Schrift, die Offenbarung oder die Bibel, das Buch der Bücher, genannt

wird. In diesem Buch finden wir Nachrichten und Worte, die kein Mensch sagen kann, Aufschlüsse über unser Wesen und über unseren Zustand und den ganzen Rat Gottes von unserer Seligkeit in dieser und jener Welt. So hoch der Himmel ist über der Erde, ist dieser Rat über alles, was in eines Menschen Sinn kommen kann; und ihr könnet diese Schrift nicht hoch und wert genug haben und halten. Doch ist sie, versteht sich, immer nicht die Sache, sondern nur die Nachricht von der Sache."

Matthias Claudius

7. Jesus, der Fragensteller

Das Lesen in der Bibel ist keine Einbahnstraße. Wir finden dort nicht nur einfach Wissenswertes über Gott und Jesus, spirituelle Impulse oder Antworten auf unsere Fragen. Gerade mit Blick auf die Jesus-Überlieferung wird deutlich: Es verhält sich auch umgekehrt; uns kommen Fragen aus der Bibel entgegen, wir werden direkt angesprochen. Jesus kommt also mit Fragen in unser Leben, nicht in erster Linie mit Antworten! Das finde ich immer wieder neu überraschend und faszinierend. Jesus fragt nach. Er sucht den Kontakt, die Begegnung. Er will uns antreffen mitten im Leben. Niemals aufdringlich oder übergriffig, aber stets Mut machend und existenziell herausfordernd. Wer Jesus begegnet, begegnet insofern auch einer Frage, einer existentiellen Frage.

Jesus kommt also erst mal nicht mit einer langen Liste von Forderungen, Mahnungen und Ideen auf uns zu, sondern mit Fragen. Er ruft uns auf einen Weg der Suche, in die Nachfrage, dann erst in die Nachfolge. Diese Erfahrung zieht sich durch das ganze Evangelium, ja durch alle vier Evangelien. Sie betrifft die unterschiedlichsten Menschen in den verschiedensten Situationen. Und diese Fragen Jesu gehören sicher zu den spannendsten Stellen des Neuen Testamentes.

Jesus kommt mit Fragen in unser Leben, nicht in erster Linie mit Antworten

Bei einem genaueren Blick in die Bibel fällt auf, dass Gott den Menschen auch schon im Alten Testament häufig als Fragensteller begegnet. Ich habe von einer geflügelten jüdischen Weisheit gehört, die dies wunderbar ausgedrückt: „Am Anfang schuf Gott das Fragezeichen und legte es ins Herz des Menschen."

Juden und Christen glauben an einen Gott der Fragen. Das hat einen tiefen Sinn. Denn Fragen sind entwaffnend. Sie machen den Gefragten zum Hauptakteur. Du bist gefragt, als freier Partner; es beginnt ein Gespräch, ein Dialog mit offenem Ausgang.

Pater Ermes Ronchi, der 2016 für den Papst und die Kurie Fastenexerzitien zum Thema „Die Fragen der Bibel" gehalten hat, schreibt über die biblischen Fragen: „Das Fragezeichen ähnelt einem Angelhaken. Wie ein Angler seine Angel, so wirft das Evangelium seine Fragen aus, um uns zu sich zu ziehen, um uns zu ‚angeln' und als ‚Fischfang des Herrn' (Tertullian) emporzuziehen an die Luft, ans Licht. Aufatmen, klarsehen: ein Bild für das, was Umkehr bedeutet."[24]

Meist neigen wir dazu, Gott die Fragen zu stellen: Wie soll ich mich entscheiden? Warum passiert gerade mir so etwas? Wie kann ich das verstehen? Drehen wir aber doch mal den Spieß rum: Lassen wir uns häufiger von Gott beziehungsweise Jesus Fragen stellen! Wir müssen auf sie nicht sofort antworten, vielleicht tun wir es vorschnell, um uns aus der Affäre zu ziehen. Aber wir dürfen die Fragen stehen lassen, sie in uns aufnehmen und sie wirken lassen. Mit der Zeit werden wir die Fragen vielleicht lieben lernen, sie zu Freunden und

Begleitern machen. Und irgendwann leben wir uns Stück für Stück in die Antworten hinein.

Wenn Gott fragt, wenn Jesus fragt, dann ist das sicher nicht eine informative Frage. Gott braucht von uns keine Informationen oder „News". Vielmehr geht es ihm um Fragen, die ins Herz treffen, die den Menschen zu sich selbst führen sollen. Erste Kostproben finden wir schon im Buch Genesis: „Adam, wo bist du?" und „Kain, wo ist dein Bruder Abel?"

Indem wir uns den Fragen der Bibel stellen, gehen wir in tastenden Schritten Gott entgegen, wir verbinden unser Leben mit dem göttlichen. Die Fragen Jesu wollen uns auf einen Weg bringen, den er selbst mitwandert, um uns mehr und mehr in sein Geheimnis einzuweisen. Dieser Weg ins Geheimnis verläuft über Fragen. Das ist auch bei tiefen zwischenmenschlichen Begegnungen der Fall – Fragen sind ein Weg in die Tiefe: Wie meinst du das eigentlich? Liebst du mich wirklich? Kann ich mich auf dich verlassen? Bist du mein Freund?

„Was sucht ihr?"

Im eher poetischen Johannesevangelium beginnt Jesus seine öffentliche Mission jedenfalls mit einer Frage. Die ersten Zeilen des vierten Evangeliums sind der berühmte Hymnus über Christus als das Wort Gottes und das Licht der Welt: *„Im Anfang war das Wort… Das Licht kam in die Welt."* Aber „im/am Anfang" steht auch eine große Frage. Die ersten Worte, die der Evangelist Johannes seinem Jesus in den Mund legt, bilden eine Frage, und was für eine: *„Was sucht ihr?"* (Johannes 1,38).

Die Frage von Jesus richtet sich an die ersten beiden Schüler, die ihm folgen wollen: „Was sucht ihr?" Am Ende des Johannesevangeliums stellt Jesus in einem anderen Sinne noch einmal eine ähnliche Frage; bei der österlichen Begegnung mit Maria Magdalena im Garten: *„Frau, wen suchst du?"* (Johannes 20,15).

„Suchen" ist ein zentrales Wort bei Jesus. Er weiß: Wir sind Geschöpfe, die suchen, Wesen voller Sehnsucht. In allem kann der Mensch lügen und manipulieren, aber die Sehnsucht nach Nahrung, nach Liebe, nach Freiheit, nach Gerechtigkeit, die kann er sich nicht andichten und anlügen, die gehören immer schon wesentlich zu ihm. Der Mensch ist seine Sehnsucht.

Die offen gehaltene Frage von Jesus „Was sucht ihr?" bezieht den Gesprächspartner ein und lässt ihm seine Freiheit. Sie lockt uns, danach zu schauen, was uns eigentlich fehlt im Leben, wo es eine Leere, einen Mangel gibt. Das wird auch bei den beiden Menschen deutlich, denen Jesus diese Frage damals gestellt hat (vgl. Johannes 1,35–42). Sie waren bereits Schüler des großen Propheten Johannes des Täufers gewesen. Aber sie spürten, dass das noch nicht alles war. Sie suchten weiter und trafen auf Jesus. „Selig die Unzufriedenen; denn sie werden Schatzsucher sein!"[25]

Was suchst du? Diese Frage kann ein echter Lebensbegleiter werden. Was bewegt dich, wovon träumst du? Für wen oder was lebst du? Wer hält dich?

Für die eigene spirituelle Entwicklung, das persönliche geistliche Wachsen ist es entscheidend, sich die richtigen Fragen stellen zu lassen. Oft sind es Freunde, die da ein gutes Gespür für haben und einem die richtigen Fragen stellen. Fragen, die öffnen, herausfordern, weiterführen.

Die Kunst, die richtigen Fragen zu stellen, ist in der geistlichen Begleitung enorm wichtig. Das erlebe ich sehr stark vor allem bei jungen Menschen. Weite und eröffnende Fragen sind für viele eine neue Erfahrung, da es im Alltag, insbesondere in der digitalen Welt eher um polarisierende Fragen geht: dafür oder dagegen, like oder dislike, gut oder schlecht?

„Willst du gesund werden?"

Jesus, der Fragensteller, ist ein zeitgemäßer und lebensfördernder Begleiter. Seine Fragen sind vertrauenerweckend und wirken vielfach heilsam. Daher ist es nicht überraschend, dass die Fragen Jesu häufig im Kontext von Heilungserzählungen überliefert sind. Die Leitfrage ist dabei: *„Willst du gesund werden?"* (Johannes 5,6). Jesus fragt dies einen Gelähmten am Teich Betesda. Obwohl der Lahme dort seit 38 Jahren für alle Welt offen und bekanntermaßen liegt und Jesus sicher die genauen Umstände kennt, fragt er ihn ganz persönlich: *„Willst du gesund werden?"*

Jesus greift nicht einfach in das Leben anderer ein, er fragt nach und möchte, dass sein Gegenüber seinen Wunsch, seine Sehnsucht selbst formuliert. Das ist ein zentraler Schritt beim

Prozess der Heilung. Er gilt für die unterschiedlichsten Heilungsvorgänge, auch für das Herausfinden aus persönlichen Sackgassen und Neuaufbrüchen:

„Willst du heil werden. Willst du neu anfangen?"

„Ja, ich möchte heil werden. Ja, ich möchte neu anfangen."

Indem ich meine Sehnsucht ausspreche, habe ich schon den ersten Schritt getan. Beim Gelähmten in der Erzählung des Johannesevangeliums ist es sogar so, dass der Gelähmte nicht einfach antwortet „Ja, ich möchte gesund werden". Vielmehr wird deutlich, dass seine Sehnsucht noch tiefer geht und sein Thema die täglich erfahrene Verlassenheit und Einsamkeit zu sein scheint: *„Herr, (…) ich habe niemanden, der mir in den Teich hilft, wenn sich das Wasser bewegt"* (Johannes 5,7). Durch die Frage von Jesus konnte dieser Kranke aussprechen, was ihn im Tiefsten bedrängt, und er wurde gleich in mehrfacher Hinsicht auf einen Weg der Heilung geführt.

„Siehst du etwas?"

Besonders häufig begegnen wir einem fragenden Jesus bei Blindenheilungen. Das ist sicher kein Zufall. Fragen öffnen uns die Augen. Sie erschließen Zusammenhänge und Perspektiven, für die wir früher blind waren. Fragen führen ins Vertrauen und damit in den Glauben. Dazu möchte ich drei Beispiele vorstellen:

Das Markusevangelium berichtet von einer Blindenheilung in Betsaida (Markus 8,22–26). Dort bringt man einen

Blinden zu Jesus und bittet ihn, den Kranken zu berühren. Was anschließend folgt, ist für unser heutiges Empfinden vielleicht etwas kurios, aber tiefgründig zugleich: *„Er nahm den Blinden bei der Hand, führte ihn vor das Dorf hinaus, bestrich seine Augen mit Speichel, legte ihm die Hände auf und fragte ihn: ‚Siehst du etwas?'"* (Markus 8,23).

Wichtig ist, Jesus macht aus seinen Heilungen nie ein Spektakel. Ihm liegen Diskretion und Vertrautheit am Herzen. So führt er den Blinden geradezu liebevoll an der Hand hinaus vor das Dorf. Dort, im kleinen und vertrauten Kreis, beginnt dann eine sehr körpernahe Therapie, bei der Berührungen eine wichtige Rolle spielen, ehe es dann zu der entscheidenden Nachfrage Jesu kommt: *„Siehst du etwas?"*

Jesus vollzieht nicht irgendeine Prozedur und lässt den Mann dann stehen nach dem Motto „So, jetzt ist alles wieder gut". Er gibt vielmehr dem Heilungsprozess Raum und Zeit. Der Kranke blickt sodann auf, er kann aber noch nicht alles genau erkennen. Daher legt Jesus ihm noch einmal behutsam die Hände auf. Und dann heißt es: *„Nun sah der Mann deutlich. Er war wiederhergestellt und konnte alles ganz genau sehen"* (Markus 8,25).

Die Frage Jesu in diesem Text ist pragmatisch und spirituell zugleich: *„Siehst du etwas?"* Für mich ist sie dem Wortlaut nach eine wesentliche geistliche Frage. Etwas freier formuliert lautet sie: „Und was siehst du? Was nimmst du wahr?"

Religion hat für mich zutiefst mit dem achtsamen Wahrnehmen und dem Geschenk des Sehens zu tun. Daher finde ich die Feststellung am Ende der Heilungserzählung faszinierend: *„Er war wiederhergestellt und konnte alles ganz genau sehen."* Jetzt sieht der Mensch die Welt erst „richtig", „in neuem Licht". Die Wirklichkeit hat für ihn eine neue Transparenz und Klarheit bekommen.

Was die Evangelien unter anderem in den Blindenheilungen Jesu zeigen, ist im Grunde der Kern des Christentums. Es geht um einen Weg zum Schauen des Lichts und der Farben, es geht um Erleuchtung. Für mich ist das Christentum eine Religion der Erleuchtung. Dabei verstehe ich „Erleuchtung" ganz nach dem biblisch geschilderten Zeugnis: „Das Licht kam in die Welt" – „Blinde werden sehend".

„Erleuchtung" ist aber leider heutzutage (in kirchlichen Kreisen) ein etwas belasteter Begriff. Er hört sich esoterisch und abgehoben an; die meisten würden wohl sagen buddhistisch. Das zeigt mir aber nur, dass das Christentum spirituell betrachtet an manchen Auszehrungserscheinungen leidet. Es wurde vielfach nur noch auf Moral, Dogmen oder eine kulturelle Tradition reduziert. Vom Kern her aber ist das Christentum ein spiritueller Weg, ein Stufenweg. Daher ist die stufenweise Heilung des Blinden auch entscheidend. Der Weg des Sehend-Werdens braucht mehrere Schritte. Er braucht Zeit.

Ob wir die Erfahrung des Blinden, der zum „genauen" Sehen geführt wird, auch machen können? Es ginge dann um die Erfahrung: „Ich bin im Innersten erleuchtet", „in mir ist es hell/licht geworden", „ich spüre da eine neue Transparenz und Klarheit".

Vielleicht hast du da schon deine eigenen Erfahrungen gemacht: Situationen, Begegnungen, Momente der Stille oder zumindest die Sehnsucht danach. Diese Erfahrungen können sich verdichten in einer Vision vom Leben, die für mich lautet: dem Licht entgegen.

Menschen, die an Jesus glauben, sind dazu bestimmt, dass das göttliche Licht mehr und mehr ihr Leben erleuchtet und dass sie selbst zu Licht-Spendern werden. In der Taufliturgie heißt es sehr schön, wenn die Taufkerze überreicht wird: „Du hast Licht empfangen, sei nun selbst Licht für diese Welt."

„Was willst du, dass ich dir tue?"

Der Evangelist Markus überliefert eine weitere Blindenheilung, deren Hauptfigur der blinde Bettler Bartimäus ist (Markus 10,46–52). Er sitzt am Stadtausgang von Jericho und wird auf Jesus aufmerksam, als dieser mit seinen Jüngern gerade weiter nach Jerusalem ziehen will. Die Begegnung zwischen den beiden spielt an einer wichtigen Schnittstelle des Markusevangeliums. Sie ist quasi ein „turning point", denn mit dem Entschluss Jesu, jetzt von Jericho aus nach Jerusalem zu gehen, wird es ernst. Jesus weiß, was ihn in Jerusalem erwarten wird. Er geht damit in die letzte und entscheidende Phase seines Lebens. Bartimäus wird ihm nach Jerusalem folgen. Voraussetzung dafür ist aber seine Heilungserfahrung mit Jesus und eben auch eine Frage, die Jesus ihm stellt.

Markus schildert uns ein sehr persönliches Heilsdrama: Bartimäus hockt am Rand des Weges, am Rand der Stadt, am Rand der Gesellschaft. Er ist ausgeschlossen vom Leben. An diesen Status wie auch an seine Behinderung hat er sich wohl gewöhnt. Aber dann gibt es jenen Tag X in seinem Leben, an dem er hört, dass Jesus in der Nähe ist, dieser charismatische Heiler aus Nazaret. Allein von diesem Namen und der Kunde seiner Anwesenheit in der Stadt gehen für ihn ein Licht und ein Glanz aus, die einiges in ihm in Bewegung setzen. Jesus weckt seine ganze Sehnsucht und er ist auf einmal wild entschlossen, sich die Chance auf Heilung nicht entgehen zu lassen. Er ruft laut nach diesem Jesus: *„Sohn Davids, Jesus, hab Erbarmen mit mir!"* (Markus 10,47). Als ihn daraufhin die umstehenden Leute zum Schweigen bringen wollen, ruft er noch viel lauter. Doch er lässt sich von den Stimmen der anderen – und vielleicht auch den eigenen inneren – dieses Mal nicht entmutigen oder gar aufhalten.

Seine Hoffnung und sein Vertrauen werden nicht enttäuscht. Jesus bleibt stehen und ruft ihn zu sich. Allein schon damit holt Jesus den Bartimäus aus seiner bisherigen Bettlerexistenz, aus der Position des Ausgestoßenen heraus. Jesus traut ihm zu, sein Leben jetzt selbst in die Hand zu nehmen, aufzustehen und erste Schritte in ein neues Leben zu machen. Und für Bartimäus erklingen auf einmal aufmunternde Stimmen: *„Hab nur Mut, steh auf, er ruft dich"* (V. 49). Er steht nicht nur auf, er „springt" auf und wirft als erstes den Bettlermantel weg, das Zeichen seines bisherigen unheilvollen Lebens. Er hat die Stimme Jesu gehört und läuft ihr, obwohl noch blind, zielsicher entgegen.

Als er dann bei Jesus ist, passiert etwas Verblüffendes. Jesus fragt ihn nämlich: *„Was willst du, dass ich dir tue?"* Damit wird Bartimäus zum Hauptakteur und der Ablauf der weiteren Szene verlangsamt sich. Jesus ist niemals übergriffig nach der Devise „Ich bewirke jetzt ein Wunder und heile dich. Du hast ja so nach mir geschrien." Nein, er fragt. Das ist übrigens eine Haltung, die auch uns bei der Begegnung mit bedürftigen oder behinderten Menschen leiten sollte.

Im Evangelium zielt diese Frage Jesu jedenfalls auf die tiefere Sehnsucht, auf die existenzielle Sehnsucht eines konkreten Menschen. Der Theologiedozent und Kontemplationsbegleiter Simon Peng-Keller, bei dem ich regelmäßig zu kontemplativen Exerzitien bin, hat diesen Zusammenhang wunderbar folgendermaßen ausgedrückt:

„Dass Jesus ihn fragt, was er für ihn tun könne, macht wiederum stutzig: Ist Jesus denn selbst blind, dass er so fragen muss? Wie bei vielen Heilungen Jesu ist es ein wichtiges Moment, dass der Kranke seine Not selbst in Worte fassen und seinen Wunsch zum Ausdruck bringen kann. Die Frage weckt die tiefere Sehnsucht, nicht weiterhin als Bettler abgespeist, sondern als heilungsbedürftiger Mensch wahrgenommen zu werden. Sie ruft das freie Ja hervor: Ich möchte gesund werden, wieder sehen, in Gemeinschaft mit anderen Menschen unterwegs sein können."[26]

Das freie Ja ist für Jesus offenbar gleichbedeutend mit „Glauben", denn er antwortet dem Bartimäus: *„Geh! Dein Glaube* *hat dich gerettet.*" Sein beharrliches Rufen nach Jesus, sein Aufstehen, Auf-Jesus-zu-Laufen und seine ehrlich ausgesprochene Sehnsucht auf die Frage Jesu haben Bartimäus „gerettet", heil gemacht, ihm ein neues Licht und eine neue Sicht geschenkt. Und sie geben ihm die Kraft zur Nachfolge; Bartimäus begleitet Jesus nach Jerusalem.

Vor diesem Hintergrund ist die Bartimäus-Erzählung nicht nur eine Heilungsgeschichte, sondern in erster Linie auch eine Glaubens- und Berufungserzählung. Glaube beginnt damit, mich als heilungsbedürftiger Mensch wahrzunehmen und das auch ehrlich auszudrücken. Durch diese realistische Selbsteinschätzung kann ich mich dann der Frage Jesu stellen: „*Was willst du, dass ich dir tue?*" Ich kann meinen Wunsch, meine Sehnsucht in meinen eigenen Worten formulieren und Jesus im Gebet anvertrauen. Dabei kann in mir ein „Ja" zu Jesus, seiner Nähe und seiner Kraft und Vollmacht wachsen: „Ja, Jesus, ich möchte meine Wunden, meine Bruchstellen, meine Not und meine Ängste von dir anschauen und heilen lassen. Ich möchte tiefer sehen können und mich von dir auf den Weg der Nachfolge locken lassen."

„Glaubt ihr, dass ich dies tun kann?"

Auch der Evangelist Matthäus berichtet von Blindenheilungen. Wie bei Bartimäus geht es dabei um Glaubensgeschichten, letztlich um das Vertrauen zu Gott beziehungsweise Jesus. In der Erzählung von der Heilung zweier blinder Menschen (Matthäus 9,27–31) wird dieser Zusammenhang in einer Frage Jesu direkt auf den Punkt gebracht: *„Glaubt ihr, dass ich dies tun kann?“*

Das Setting der Erzählung ist schnell geschildert, kann aber tiefgründig gedeutet werden. Jesus, so wird berichtet, bemerkt, dass ihm zwei Blinde folgen. Da sind also zwei Menschen, die hinter Jesus herlaufen, die an ihm dranbleiben; sie „folgen“ ihm. – Eine Ausgangssituation, die an das Thema der Nachfolge Jesu erinnert. Die beiden können symbolisch für alle Menschen stehen, die Jesus nachfolgen wollen.

Fast wortgleich wie Bartimäus sprechen sie Jesus als Königssohn an und rufen um Erbarmen: *„Hab Erbarmen mit uns, Sohn Davids!“* Im Neuen Testament hat dieser Ruf eine sehr wichtige Bedeutung. Mit ihm verbindet sich die Sehnsucht nach Rettung, Heilung und Frieden. In seiner griechischen Originalfassung hat er auch Eingang in die Liturgie gefunden: „*Kyrie eleison!* – Jesus, erbarme dich meiner!“ – Dieser Satz kann ein zentraler Begleiter des christlichen Lebens sein und werden!

Allerdings gibt es da oft ein falsches Vorverständnis. Für viele klingt das „Erbarme dich meiner“ nach einem Gerichtsprozess – so wie der arme Schuldner vor dem Richter, der um Erbarmen bettelt. Biblisch steht aber ein anderes Bild im Hintergrund: nicht das Gericht und Jesus als Richter, sondern Jesus als Arzt, als Therapeut. Die Anrufung der göttlichen Barmherzigkeit wird als ein Weg der Therapie, der Heilung verstanden.

Das Leben ist nun einmal brüchig. Es gleicht einem zerbrechlichen Gefäß und wir alle haben so betrachtet einen

„Sprung in der Schüssel". Daher ist der Kyrie-Ruf eine sehr ehrliche und hoffnungsvolle Anrufung Gottes im Gebet. Trotzdem bleibt da ein gewisses Maß an Überwindung, mich wie die beiden Blinden an Jesus als Arzt zu wenden. Denn die meisten von uns gehen nicht gerne zum Arzt – weder zum Allgemeinmediziner noch zum Seelendoktor. Wir zeigen nicht gerne unsere Wunden und unschönen Stellen, egal ob körperlich oder seelisch.

Mit Blick auf die Erzählung ist es ermutigend, dass davon berichtet wird, dass die Heilung im Haus geschieht und nicht im Rampenlicht, auf offener Straße. Jesus handelt diskret, er schützt die Privatsphäre. Unsere Wunden müssen und sollen wir Christus, dem Arzt, nicht in aller Öffentlichkeit zeigen, sondern nur im geschützten Raum.

Nachdem die Blinden Jesus um Erbarmen und Hilfe angerufen haben, tritt wieder Jesus als Fragensteller in Aktion. Vor der Heilung und dem Neuanfang steht seine Nachfrage: *„Glaubt ihr, dass ich dies tun kann?"* In anderen Worten fragt er: Ist euer „Erbarme dich" ein wirkliches Vertrauensbekenntnis? Traut ihr mir zu, euch zu heilen? Könnt ihr in mir den Sohn Gottes erkennen? – Es geht, das macht Jesus hier sehr deutlich, um eine Sache des Vertrauens. Die beiden Blinden antworten kurz und knapp: *„Ja, Herr."* Die Frage Jesu ruft ihr freies Ja hervor. Daraufhin erst berührt Jesus ihre Augen und sagt: *„Wie ihr geglaubt habt, so soll euch geschehen."* Später schreibt Jesus die Heilung dem Vertrauen, dem Glauben der beiden zu. Eine faszinierende Entdeckung!

Wie ist deine Antwort?

Je mehr wir in diese Dynamik des Evangeliums eintauchen, desto näher rückt auch die Frage: Und wir? Wie würden wir auf die Fragen Jesu antworten?

Was suchst du?

Willst du gesund werden?

Siehst du etwas?

Was willst du, dass ich dir tun soll?

Und besonders: Glaubst du, dass ich dies tun kann?

Wie ist deine Antwort?

Das Zulassen dieser Fragen in meinem Leben führt mich bereits in eine Begegnung und Berührung mit Jesus. Aus der Nachfrage Jesu erwächst aufseiten des Menschen der erste Schritt zur Nachfolge. Nach und nach kann dann auch die Einladung und Aufforderung Jesu „Folge mir nach!" Raum in mir gewinnen.

Sehr schön und exemplarisch wird das am Ende der Bartimäus-Episode erzählt. Da heißt es im Markusevangelium: *„Im selben Augenblick konnte der Blinde sehen, und er ging mit Jesus"* (Markus 10,52, Hfa).

Der Impuls zur Nachfolge entsteht in Bartimäus selbst. Jesus hatte ihn gar nicht aufgefordert, ihm zu folgen, sondern nur gesagt: *„Geh hin, dein Glaube hat dir geholfen."* Aber Bartimäus hat nicht nur das „natürliche Augenlicht" geschenkt bekommen, sondern auch das innere Licht gefunden. Er ist erleuchtet worden vom „Licht der Welt" und möchte von nun an in dessen Nähe sein und leben. Dabei wird ihm sehr bewusst gewesen sein, dass der Weg mit Jesus nach Jerusalem kein leichter werden würde.

Vielleicht ist Bartimäus der Einzige, der ahnt, worum und wohin es letztlich geht. Möglicherweise ist er der Einzige, der nicht blind ist gegenüber dem Leben. Das hat er zu diesem Zeitpunkt sicherlich den Jüngern Jesu voraus. Er weiß, dass in Jerusalem kein Freizeitpark und kein Wellness-Erlebnis auf ihn warten. Aber er sieht, dass dieser Weg der einzige ist, auf dem er nicht die Augen verschließen muss vor der Realität. Der einzige Weg, der nach seinen bisherigen Lebenserfahrungen wirklich „echt" ist und eine Verheißung in sich trägt. Für Bartimäus ist es ein Weg, auf dem er Einem vertrauen kann. Nämlich dem, der ihm den Weg zum Sehen gezeigt hat. „Sehend vertrauen" – das ist seine Lebensmelodie geworden.

Zum weiteren Nachdenken

In der Bibel und insbesondere in Jesus begegnet uns ein Gott, der fragt. Religion ist nicht in erster Linie Moral oder eine bestimmte Lehre, sondern eben ein Weg der Suche. Von einigen zentralen Fragen Jesu war in diesem Kapitel die Rede. Wir können das Bild von Jesus, dem Fragensteller, abschließend noch erweitern und auf unsere aktuelle Lebenssituation beziehen. Welche konkrete Frage wünsche ich mir eigentlich von Jesus? Welche Frage passt zu meiner jetzigen Lebenssituation? Jesus begegnet Menschen häufig in Krisen oder Umbruchphasen. Er stellt seine Fragen mitten ins Leben hinein.

Also, was fragt Jesus mich gerade? Welche Antwort „wächst“ dazu in mir? Und welche Antwort wünsche ich mir, Jesus zu geben?

8. Nachfolgen – mein „Ja!"

Wenn ich die Botschaft des christlichen Glaubens und konkret die Worte und die Fragen Jesu ernst nehme, sie an mich heranlasse, dann kommt früher oder später der Punkt der Entscheidung: Möchte ich diesem Jesus folgen und kann ich ihm und seiner Botschaft trauen? Es geht darum, eine Glaubensentscheidung zu treffen und mein persönliches „Ja-Wort" zu sprechen. Ja, ich will diesem Gott Vertrauen schenken! Ja, ich möchte dir folgen, Jesus!

Christlicher Glaube hat immer auch mit Bekenntnis und Nachfolge zu tun, mit dem Eintreten in den „neuen Bund". Sich in die Nachfolge Jesu zu begeben, ist das Grundprogramm jeder christlichen Spiritualität. Das Ganze klingt jetzt sehr feierlich und kann schnell einen abgehobenen „kirchlichen Touch" bekommen. Außerdem gibt es das bereits in Kapitel 3 angesprochene Phänomen, dass viele Menschen gar nicht die Notwendigkeit einer expliziten Entscheidung für das Vertrauen in Gott beziehungsweise für die Nachfolge Jesu sehen, sondern lieber in freundlicher Distanz und „Neutralität" an die Sache herangehen. Das erlebe ich auch immer wieder bei jungen Leuten und hört sich in etwa so an: „Einiges an deinem Glauben und vor allem an Jesus finde ich echt spannend, aber ich bin kein ‚Ultra', was das betrifft. Ich kann mir nicht vorstellen, da ‚all in' zu gehen, sondern bleibe lieber offen und neutral."

Auf Abstand, aber neugierig und interessiert, so könnte man diese Haltung charakterisieren. Eine biblische Personifizierung dieser Haltung finde ich im Zöllner Zachäus (Lukas 19,1–10). Von Zachäus wird gesagt, er wolle gern sehen, wer dieser Jesus sei. Er ist neugierig. Deswegen klettert er in die Krone eines Feigenbaums, nimmt also die Beobachterperspektive ein, und wartet, bis Jesus unter ihm vorbeigeht. Die Überraschung in der Erzählung ist, dass Jesus ihn gleich mit seinem Namen anspricht und ihn ermutigt, sein Versteck im Baum zu verlassen. Ja, mehr noch: Jesus wünscht sich, „heute“ bei Zachäus zu Gast sein zu dürfen.

In vielfacher Hinsicht wird diese Begegnung ein heilsamer Besuch. Zachäus beschließt nämlich im Anschluss, die Hälfte seines Vermögens an die Armen auszuteilen. Er hat sein Leben verändert (kurzfristig oder dauerhaft?), aber interessanterweise wird nicht davon berichtet, dass Zachäus sich je den Jüngern Jesu angeschlossen hätte und Jesus nachgefolgt sei, wie es von anderen Zöllnern berichtet wird. Die Erzählung macht aber deutlich: Jesus zwingt niemanden zu einer Entscheidung. Der Impuls zur Nachfolge muss letztlich von einem selbst ausgehen, in aller Freiheit.

In den Spuren Jesu gehen.
Ihm folgen.
Dafür lohnt es sich zu leben.

Ich glaube, gerade heute gibt es unter uns viele solcher Zachäus-Typen. Ein bisschen Zachäus steckt sicher auch in mir selbst. Die Entscheidung, Jesus nachfolgen zu wollen, gleicht immer einem Sprung. Man muss bestimmte Hindernisse überwinden, ein Risiko und Wagnis gehen.

Mich persönlich hat seit meinem Studium die Formulierung des dänischen Denkers und Gottsuchers Sören Kierkegaard (1813–1855) vom „Sprung in den Glauben" fasziniert. Dieser ist für ihn wie ein Sprung über die Schwelle des eigenen Hauses und des (bisherigen) eigenen Lebens nach draußen in ein anderes, in ein neues Leben, und zwar ohne noch die Tür abzuschließen und den Schlüssel einzustecken. Es geht um religiöse Reiselust, darum, aufzuwachen und aufzubrechen. Das möchte ich im Folgenden anhand meiner in den letzten Jahren entwickelten eigenen biblischen Spiritualität näher aufzeigen.

In den Spuren Jesu

Dass Glauben mit einem Sprung und einer Entscheidung zu tun hat, ist mir besonders deutlich geworden, als mir ein freikirchlich geprägter Schulfreund das Buch „In seinen Fußstapfen" von Charles M. Sheldon geschenkt hat. Ich war damals in der Oberstufe des Gymnasiums und nach meinen „Bosnien-Erfahrungen" (s. Kapitel 5) auf der religiösen Suche. Der Grundgedanke des Buches, allein schon der Titel vom Gehen in den Fußspuren Jesu, hat mich total gepackt. Mir wurde schnell innerlich klar: „Das ist es. In den Spuren Jesu gehen. Ihm folgen. Dafür lohnt es sich zu leben." Das Buch selbst ist jahrzehntealt, aber der Kern der Erzählung ist genial:

Durch eine kuriose Begegnung wird ein Pastor einer wohlsituierten christlichen Gemeinde in seinem bisherigen „bürgerlichen“ Verständnis vom Christsein erschüttert und stellt sich die Frage: Was heißt es eigentlich konkret, in die Fußspuren Jesu zu treten? Er wird zu einem Experiment inspiriert, in das er seine Gemeinde miteinbezieht. Der Versuchsaufbau ist folgender: Jedes Gemeindemitglied solle sich ein Jahr lang vor jeder Entscheidung fragen: „What would Jesus do? Was würde Jesus tun?“ Und dann solle man danach handeln, ohne Rücksicht auf die Folgen.

Im Buch entwickelt diese Auseinandersetzung viel Sprengkraft: Kann man im Alltag, im Beruf und in der Freizeit, wirklich nach den Grundsätzen des Evangeliums leben und handeln? Die Frage faszinierte und beunruhigte mich zugleich: Was würde Jesus tun? Und ich merkte, es macht einen Unterschied aus, ob ich mich bewusst für Jesus entscheide und beschließe, dem Evangelium zu folgen, oder eben nicht. Damals spürte ich den Unterschied besonders beim Thema Engagement für andere (Nächstenliebe) und bei der Frage, wie viel Raum und Zeit ich dem Gebet widmen wollte (Gottesliebe). Mir wurde klar: Jesus nachzufolgen, also Jüngerschaft, ist mehr als bloß eine „mentale Einverständniserklärung“ zu gewissen religiösen Ideen oder Werten zu haben. Ich trug für einige Jahre sogar ein Armband mit den Buchstaben „WWJD“ als Abkürzung für die Frage „What would Jesus do?“.

Bis heute ist die Umschreibung, in den Spuren Jesu zu gehen oder seinen Spuren zu folgen, für mich eine wirklich sehr schöne und treffende Formulierung für den biblischen Begriff der Nachfolge. Auch im ersten Petrusbrief findet sich dieses Bild: *„Christus hat euch ein Beispiel gegeben, damit ihr seinen Spuren folgt“* (1. Petrus 2,21).

Nachfolge bedeutet, hinter Jesus herzugehen, von ihm zu lernen, mit ihm zu leben, auch mit ihm zu leiden. Jesus spurt den Weg. Als Jünger gehe ich bei Jesus in die Schule, und zwar in die des Vertrauens. Die Nachfolge Jesu ist daher im Kern auch „Schülerschaft“. Zu ihr gehört es, den Lehrer im besten Sinne des Wortes „nachzuahmen“. Praktizierte Nachfolge vollzieht sich somit als Nachahmung, die sich darin zeigt, wie Jesus zu leben, wie er zu reden und zu handeln.

Das bedeutet aber nicht, dass Christen Jesus kopieren sollten. Wir sind nicht Jesus, wir sind nicht der Messias. Christen sollen „nur“ denken in seinem Sinne, „nur“ handeln in seinem Geist und wissen, dass ein konsequentes Leben in der Spur des Evangeliums mitunter gefährlich, wenn nicht lebensgefährlich sein kann. Das Ziel der Nachfolge ist letztlich die Verheißung „mit Jesus auferstehen“ und „an seiner Auferstehung teilhaben“.

Eine andere wichtige Umschreibung für Nachfolge ist für mich das Vertraut-Werden mit Jesus. Im wörtlichen Sinne ist Nachfolge immer ein „nach-gehendes Folgen“ gegenüber einem vorausgehenden Ruf Gottes beziehungsweise Jesu. Das gilt nicht nur für den Beginn des Weges, sondern durchgehend und jederzeit. Es ist also nicht so, dass wir irgendwann auf eigene Faust losziehen würden, unabhängig von den Spuren Jesu und seinem je neuen Ruf, hinter ihm zu gehen. Der Grundansatz der Nachfolge Christi besteht nicht in einem bestimmten moralischen Tun, sondern im Wunsch, mit Jesus Christus in eine möglichst innige Gemeinschaft zu kommen.

Papst Benedikt XVI. hat diesen Ansatz wunderbar in seiner ersten Enzyklika „Deus caritas est“ (= Gott ist Liebe) ausgedrückt: „Am Anfang des Christseins steht nicht ein ethischer Entschluss oder eine große Idee, sondern die Begegnung mit einem Ereignis, mit einer Person, die unserem Leben einen neuen Horizont und damit seine entscheidende Richtung gibt.“[27]

Im Markusevangelium wird diese Sicht bei der Berufung der zwölf Apostel gut erkennbar: *„Und Jesus setzte zwölf ein, damit sie mit ihm seien und damit er sie aussende, zu verkünden“* (3,14). „Damit sie mit ihm seien“ – der Ruf in die Nachfolge beginnt also mit einem tiefen Vertraut-Werden mit Jesus, dann erst folgen die konkreten Schritte der Nachfolge. Ich darf und soll mich hineinbegeben in die „Atmosphäre Jesu“, sodass ich innerlich sein „Ja“-Wort zu mir höre, seinen Ruf in die Nachfolge, im Vertrauen darauf, dass Jesus mich nicht in die Irre führt und dass er mich nicht irre werden lässt an meiner Berufung. Jesus ist der Mensch, der mir hilft, Mensch zu werden, das heißt meine menschlichen Qualitäten, meine Fähigkeiten und Potenziale an Menschlichkeit, Liebe und Barmherzigkeit bestmöglich zu verwirklichen.

Erwählung und Entscheidung

Gott spricht immer zuerst das Ja zu uns, und zwar zu jedem Menschen, schon bei der Geburt und der Entstehung im Mutterleib. Weil wir dieses Ja im Rücken haben, können wir zu uns und zueinander Ja sagen und einen Weg der Nachfolge wagen. Diese Reihenfolge ist unumkehrbar und darf nie vergessen werden. Ein starkes Sinnbild dafür ist für mich die biblische Erzählung der Berufung Marias, der Mutter Jesu (vgl. Lukas 1,26–38).

Maria erhält als junges Mädchen einen herausragenden Auftrag für ihre Lebensreise und verständlicherweise erschrickt sie vor dieser Herausforderung. Aber der Engel macht ihr deutlich: Hab keine Angst, Maria. Gott liebt dich. Gott begleitet dich. Mit seiner Hilfe wird deine Lebensreise, dein Lebenswerk gelingen. – Und dann erst spricht Maria ihr „Ja". Ja, ich gehöre dem Herrn, ich stehe ihm zur Verfügung; alles soll so geschehen, wie du es mir gesagt hast.

Wenn es um Nachfolge geht, gilt biblisch das Prinzip: Erst kommen die Erwählung und die Zusage, dann die Entscheidung, die Antwort des Menschen. Das ganze 15. Kapitel des Johannesevangeliums handelt davon. Ausgehend vom Bild des Weinstocks und den Reben spricht Jesus dort von den Jüngern als seinen Freunden und Menschen, die mit Gott und ihm in einer Beziehung von Liebe und tiefster Verbundenheit stehen. Dies gipfelt in dem Satz Jesu: *„Nicht ihr habt mich erwählt, sondern ich habe euch erwählt und dazu be-*

stimmt, dass ihr euch aufmacht und Frucht bringt und dass eure Frucht bleibt" (Johannes 15,16).

Normalerweise suchten sich zur Zeit Jesu junge Männer, die ihren Glauben vertiefen wollten, selbst einen der vielen Rabbis aus, die es damals gab, und sind bei ihm in die Lehre gegangen. Auch heute sucht man sich im Normalfall selbst die Gruppen und Menschen aus, mit denen man zu tun haben möchte, auch und gerade in religiösen Dingen. *Wir wählen* aus einem riesigen Angebot, aber nicht: *wir werden erwählt.* Doch bei Jesus und seinen Jüngern steht das Erwählen am Anfang. Er hat die Initiative ergriffen und Menschen angesprochen: die Fischer bei ihren Netzen, Zöllner an ihren Zollstellen, auch die Frau am Jakobsbrunnen, Maria Magdalena usw. Und die so Angesprochenen waren völlig überrascht: Wieso gerade ich? Wie soll das gehen? Aber sie alle haben je auf ihre Weise eine Entscheidung getroffen, haben die Wahl angenommen und sind ihm gefolgt.

Was hier in Bezug auf Jesus und seine Jünger zu sehen ist, gilt im Übrigen für die ganze Bibel: Sie beschreibt niemals, dass Menschen sich ihre religiösen Anschauungen intellektuell erarbeiten, geschweige denn „aussuchen". Immer geht es zunächst um ein göttliches Handeln, ein Ergriffen-Werden, ein Erwählt-Werden. Man denke an Adam, Abraham, Mose, die Propheten und Könige, an Maria aus Nazaret oder an ihren Verlobten Josef. Dieses Prinzip lässt sich nachverfolgen bis hin zu Paulus, der sich ja auch nicht durch langes Grübeln für das Christentum entschlossen hat, sondern durch die Frage Jesu: *„Warum verfolgst du mich?"* (Apostelgeschichte 9,4).

Und trotzdem ist da vielleicht ein Unbehagen bei uns, eine gewisse Passivität (ich habe ja zunächst nicht selbst gewählt) und auch ein elitärer Hauch dieses Jesus-Wortes, der manche abschreckt. Schließlich hat Erwählung irgendwie etwas Abgehobenes und Herausgehobenes an sich. Letzten Endes geht es aber dabei um eine wunderbare Zusage. Jesus sagt zu mir: „Ich habe dich erwählt, ich möchte dich in meiner Nähe, in meinem Team." Und wie schon mehrfach betont lässt Jesus uns alle Freiheit, auf diese Einladung zu antworten. Er zwingt mich nicht, sich für ihn zu entscheiden. Aber er hat eine große Verheißung, die gilt: Da ist ein Grundwort, ein Tiefenstrom, der dich trägt und hält; bei allen Wechselfällen des Lebens, bei allen Brüchen, bei allen Entscheidungen, die du treffen musst. Nicht du musst die Wurzel tragen, die Wurzel trägt dich. Nicht du musst der Weinstock sein, er ist der Weinstock. Welch eine Entlastung! Und wenn ich das immer wieder erfahre, mich da hineinlebe, dann entfaltet Nachfolge ihre Kräfte, ihr tiefes Potenzial, ihre Freude und auch ihr Glück: *„Dies habe ich euch gesagt, damit meine Freude in euch ist und damit eure Freude vollkommen wird"* (Johannes 15,11).

Doch eine konkrete Entscheidung für Jesus und die Nachfolge findet trotz allen Rückenwindes der Erwählung und Berufung meist nie ohne Gegenwind und stürmischen Wellengang statt. Mir ist das vor meiner Priesterweihe eindrücklich bewusst geworden. Obwohl ich während des Studiums immer wieder innerlich erfahren hatte, dass Jesus zu mir Ja sagt, dass er bei mir ist und mich trägt, kamen auf einmal doch Zweifel auf, ob ich wirklich ganz auf diesen Jesus vertrauen sollte. In dem Moment, wo ich noch einmal feierlich und öffentlich mein Bekenntnis zu Jesus ablegen wollte, bekam ich Angst und wurde unsicher. Doch in dieser Situation hat mich der Blick auf den Apostel Petrus und besonders auf eine Szene seines Lebens sehr berührt. Es geht um die nächtliche Bootsfahrt der Jünger auf dem stürmischen See, als Jesus auf dem Wasser dem Boot der Jünger entgegengeht und Petrus es wagt, selbst Schritte auf dem See in Richtung Jesus zu gehen (Matthäus 14,22–33).

Petrus ist bis heute meine Lieblingsfigur der Bibel, und einen Satz aus dieser Szene habe ich mir als meinen „Primizspruch" gewählt, also eine Art Motto und Leitwort für meinen Priesterweg – ähnlich wie ein Taufspruch. Er lautet: *„Hab Vertrauen. Ich bin es. Fürchte dich nicht"* (vgl. Matthäus 14,27). Diese drei Sätze haben mir damals und seitdem schon etliche Male viel Kraft gegeben, zuletzt wieder während der Corona-Pandemie: mutig zu sein, auch bei stürmischer See nicht zu verzweifeln, sich zu trauen, immer wieder auf Jesus zuzugehen, selbst wenn das bedeuten sollte, das sichere Boot zu verlassen und „übers Wasser zu gehen".

Die Erzählung von der stürmischen Nacht auf dem See macht jedenfalls klar: Jesus-Nachfolgerinnen und -Nachfolger kommen immer wieder auch in bedrohliche Situationen. Das Sitzen in einem kleinen Boot auf stürmischer See ist dafür ein sehr tiefgründiges Bild.

Christ zu sein bedeutet nicht, auf einer sicheren Insel zu wohnen, sondern mitten auf dem See unterwegs zu sein. Zugleich betont das Evangelium: Im Vertrauen auf Jesus können wir über Ängste und Bedrohungen hinauswachsen. Dafür steht wunderbar die Petrus-Episode. Das nächtliche Erscheinen Jesu motiviert Petrus zu absolutem Vertrauen gerade auch im Angesicht der bedrohlichen Lage. Und auf den Ruf von Jesus hin wagt Petrus das Unmögliche: Er riskiert konkrete Schritte und bleibt nicht einfach im untergehenden Boot sitzen. Petrus geht über das Wasser zu Jesus. Das Unmögliche wird Wirklichkeit.

Für eine gewisse Zeit trägt der Blick auf Jesus, das Vertrauen auf sein Wort, und Petrus gelangt bis zu ihm hin. Doch als Petrus dann wieder „normal" sieht und ihm die Gefährlichkeit seiner Situation bewusst wird, verliert er sein Vertrauen, droht zu versinken und weiß sich nur noch mit einem verzweifelten Hilferuf an Jesus zu wenden. Das ist natürlich auch eine paradigmatische Szene: der Hilferuf des im Wasser Versinkenden.

In diesem Hilferuf des Verzweifelten und in Not geratenen darf sich der einzelne Christ aufgehoben fühlen. Unsere eigene Unsicherheit und Not können wir darin vor Gott bringen.

Die Botschaft des Evangeliums ist in diesem Zusammenhang: Jesus rettet Petrus. Er rettet uns, wenn wir „kleingläubig" sind und Vertrauen verloren haben. Die Anrede *„Du Kleingläubiger!"* (Matthäus 14,31) ist wohl eher verstehend und mitfühlend gemeint als tadelnd. „Kleingläubig" ist ein

Lieblingsbegriff des Matthäusevangeliums, er kommt dort häufig vor. Er drückt die alltägliche Erfahrung der Gemeinde aus, an die Matthäus sein Evangelium richtet, deren Vertrauen sich als ambivalent erweist: Mut und Angst, Vertrauen und Zweifel lassen sich nicht trennen, selbst im Evangelium nicht. Petrus wird trotz aller positiver Erfahrungen Jesus später verleugnen; die Frauen und die Jünger haben zunächst Angst und Zweifel, als sie an Ostern dem Auferstandenen begegnen.

Da kann ich gut mit meinen eigenen Erfahrungen anknüpfen und einsteigen. Auch mein spiritueller Weg ist ein ständiges Wandern zwischen Mut und Vertrauen auf der einen Seite sowie Angst und Zweifel auf der anderen. Das Beispiel von Petrus ermutigt mich aber immer wieder zu einem offensiven Vertrauen auf Jesus, auch in den eigenen Abgründen und Zeiten ohne Halt. Die Voraussetzung dafür liegt im Sich-Bewusstmachen, dass Jesus wirklich gegenwärtig ist. Er steht auch in der Nähe meines Lebensbootes und möchte mich meinen Ängsten entreißen. Wenn mir das immer mehr bewusst wird, kann mein Vertrauen wachsen. So ging es mir vor meiner Priesterweihe und ich habe damals den Schritt gewagt. Ich sagte mir: Manchmal muss ich eben allen Mut zusammennehmen und aus dem Boot aussteigen. Ich muss es einfach probieren und leben, sonst werde ich nie erfahren, ob das Wasser trägt.

Eine Glaubensentscheidung getroffen zu haben, gerade wenn sie mit einigem Wellengang und Ringen zu tun hatte, schenkt mir ein Gefühl von Freiheit. Sie lässt Kraft fließen und mein Leben gewinnt an Fahrt. Gleichzeitig heißt das aber nicht, dass es keine Probleme oder Schwierigkeiten mehr gibt, wenn ich mich entschieden habe, Jesus zu folgen. Wir müssen nur auf ihn schauen: Er hatte seinen Glaubensweg und damit seine Berufung gefunden und gelebt, dennoch knirschte es ziemlich heftig in einigen Begegnungen und am Ende verließen ihn sogar seine Freunde und er wurde umgebracht. Dennoch war sein Leben gelungen, frei und kraftvoll. Was er über seine Mission gesagt hatte, erfuhr er auch selbst: *„Ich bin gekommen, damit sie das Leben haben und es in Fülle haben"* (Johannes 10,10). Sein Geheimnis war, dass er ganz aus den Verheißungen Gottes, seines Vaters, lebte („Leben in Fülle") und wusste, dass ihn nichts von dieser Liebe scheiden konnte.

Was mir der Glaube bringt

Verheißungen erleben

Worauf darf ich mich eigentlich verlassen, wenn ich Jesus nachfolge? Welche Verheißungen Gottes hält der christliche Glaube bereit?

Die größte ist sicher das Geschenk eines erfüllten und unzerstörbaren („ewigen") Lebens. Dieses wird im Johannesevangelium mit den Worten umschrieben: *„Gott hat die Welt so sehr geliebt, dass er seinen einzigen Sohn hingab, damit jeder, der an ihn glaubt, nicht verloren geht, sondern ewiges Leben hat. Denn Gott hat seinen Sohn nicht in die Welt gesandt, damit er* *die Welt richtet, sondern damit die Welt durch ihn gerettet wird"* (Johannes 3,16f). Es geht letztlich um eine einzige große Rettungsmission. Um die Rettung der Würde des Menschen, um die Rettung der Liebe in all ihrer Bedrohung. Gottes Verheißung bedeutet demnach Rettung, Schutz des Lebens und seiner Würde, auch über den Tod hinaus.

Der Vers *„So sehr hat Gott die Welt geliebt"* richtet sich an uns und er lenkt den Menschen in die Richtung, die ihm bestimmt ist: *„zum Licht [zu] kommen"* (Johannes 3,21). Wer Jesus nachfolgt und ihm traut, der drängt ans Licht, der geht auf das göttliche Licht zu. Dieses göttliche Licht möchte alle innere Dunkelheit, die Vorurteile in uns, die vorgefassten Ideen und Wertvorstellungen, falsche Erwartungen und die kleinen und großen Heucheleien erleuchten. Es zeigt uns eine neue Wahrheit, eine neue Welt. Dazu konfrontiert es uns mit den bisherigen Festlegungen, Abspaltungen und der Zerrissenheit unseres Lebens. Doch kommt Licht ins Dunkel, kommt das Dunkel ans Licht. Dieser Prozess macht uns bereit für das innere Wachsen, für die spirituelle Reise. Ein Prozess beginnt, der uns bereit macht, „zum Licht zu kommen".

Ich persönlich mag sehr den Begriff der „spirituellen Reise". Die Verheißungen des Glaubens entfalten sich nach und nach auf der Wanderung mit Jesus. Natürlich werden wir erst nach dem leiblichen Tode, in dem Prozess, den wir Auferstehung nennen, voll und ganz ins göttliche Licht eintauchen und ihn *„durch und durch erkennen, von Angesicht zu Angesicht"* (vgl. 1. Korinther 13,12). Aber die Verheißung des Glaubens ist, schon in diesem irdischen Leben von Jesus mehr und mehr zu unserem „wahren Selbst" geführt zu werden.

Den Begriff des „wahren Selbst" habe ich von Richard Rohr gelernt, einem US-amerikanischen Franziskaner-Pater, der mich sehr inspiriert.[28] Das biblische Pendant ist die von Paulus gebrauchte Formulierung „neue Schöpfung" oder „neuer Mensch". *„Wenn also jemand in Christus ist, dann ist er eine neue Schöpfung"* (2. Korinther 5,17). Woran aber erkenne ich, dass ich – wenn auch langsam – zu meinem wahren Selbst finde und ein neuer Mensch im biblischen Sinne werde? Richard Rohr nennt unter anderem die folgenden Charakterisierungen, die ich aus eigener Erfahrung unterstreichen kann:

- Du wirst in deinem Herzen und in deinen inneren Haltungen größer, nicht kleiner (Weite).
- Du wirst ein stärkeres Gefühl der Einheit mit allen Dingen verspüren, nicht Trennung von Dingen oder Anderen. Denn du weißt, du bist nicht allein (Einheit).
- Du wirst ein tieferes Gefühl innerer Freiheit zeigen, nicht mehr Einengung (Freiheit).
- Du wirst eine ursprüngliche Sicherheit spüren und ein „Gehaltensein" (Sicherheit).
- Du wirst einen tiefen und unvergänglichen Ruheplatz gefunden haben, tiefer als jede vorübergehende Ruhelosigkeit (Frieden).

Diese Verheißungen von Weite, Einheit, Freiheit, Sicherheit und innerem Frieden verbinde ich auch mit konkreten Bildern und Versen der Bibel. Zu meinen Lieblingsbildern in puncto Verheißungen Gottes gehört für mich das Bild vom guten Hirten und den Schafen. Mir begegnen darin die Verheißungen von Schutz, Vertrauen und Orientierung. Am Bekanntesten ist in diesem Zusammenhang sicher Psalm 23, wo es heißt: *„Der Herr ist mein Hirt, nichts wird mir fehlen. [...] Auch wenn ich gehe im finsteren Tal, ich fürchte kein Unheil; denn du bist bei mir, dein Stock und dein Stab, sie trösten mich"* (Psalm 23,1.4). Diesen Psalm bete ich oft am Krankenbett beim Spenden der Krankensalbung. Häufig fließen dabei Tränen. Wie sehr gehen doch der Trost und die Verheißung dieser Verse gerade in schwierigen Situationen zu Herzen? Bei Beerdigungen gehört die Vertonung des Psalms *„Mein Hirt ist Gott der Herr, er will mich immer weiden"*[29] zu den beliebtesten Liedern. Die kraftvolle Hoffnung von Psalm 23 beeindruckt mich immer wieder.

Das Bild vom Hirten wird auch im Neuen Testament aufgegriffen und auf Jesus übertragen. Das Johannesevangelium widmet diesem Bild den ersten Teil des zehnten Kapitels (10,1–18), in dessen Mitte die Verheißung vom Leben in Fülle steht. Neben dem Schutzgedanken – *„Ich bin der gute Hirt"* (10,11) – geht es dabei auch um Nachfolge, Berufung und Orientierung. Diese Gedanken werden im Bild der Schafe entfaltet. Im Blick stehen wohlgemerkt Schafe, die denken und sich entscheiden können. Der Bibel ist unsere Metapher vom „dummen Schaf" völlig fremd. Der Hirte Jesus ruft die Schafe, die ihm gehören, einzeln beim Namen und führt sie hinaus (vgl. 10,3); man könnte sagen, er geleitet sie persönlich auf die Weide. Das jeweilige Schaf hört die Stimme Jesu und folgt ihm nach: *„Denn sie kennen seine Stimme“* (Johannes 10,4). Die Schafe identifizieren also den authentischen Hirten und entlarven die diebische oder räuberische Identität des falschen Hirten. Dabei ist Vertrautheit das entscheidende Kriterium.

Zur Metapher vom Hirten und den Schafen muss man wissen: Im Orient damals wie heute treffen sich die Hirten mit ihren Herden zu bestimmten Zeiten an den Brunnen, um die Tiere zu tränken. Alle Schafe weiden dann wild durcheinander. Aber wenn die Hirten weiterziehen, dann rufen sie nach ihren jeweiligen Tieren. Und siehe da: Die Schafe kennen den Klang der Stimme ihres Hirten – und folgen ihm nach. Und zwar nur ihm, keinem anderen. Ist das nicht faszinierend?

Übertragen auf Jesus und den Glauben bedeutet das: Wer seine Stimme hört, folgt ihm aus freien Stücken nach, nicht gezwungenermaßen. Der Hirte Jesus wendet keinerlei Einfangmethoden an. So etwas wird nur von diebischen Hirten berichtet: Sie stehlen, schlachten, vernichten (vgl. Johannes 10,10). Bei Jesus bleibt es eine freie Entscheidung: Er ruft, er beginnt den Weg. Ich kann ihm folgen. Ich kann ihm vertrauen.

Gerade in unserer heutigen Zeit wird doch erst richtig deutlich, was es heißt, aus freien Stücken der Stimme Jesu zu folgen. Nicht weil meine Familie das will, nicht weil die Kirche das sagt, nicht weil ich sonst soziale Unannehmlichkeiten hätte. Nein, wenn ich heute Jesus folge, dann nur, weil ich seiner Stimme vertraue, weil ich es möchte, zumindest ausprobieren möchte.

Die Indikatoren für unsere Entscheidung liegen nach dem Johannesevangelium und eigentlich des ganzen Neuen Testaments im Vertrauensbereich. Dafür stehen die Chiffren „Stimme hören, Stimme erkennen, der Stimme vertrauen und folgen“. Es geht also um ein Klima des Vertrauens. Ein Betriebsklima, das auf Vertrautheit gründet, von Beziehung lebt und durch Verantwortungsbewusstsein und Verlässlichkeit geprägt ist. Dadurch entsteht ein Mehrwert an Leben: Schutz und Nahrung (leibliche wie seelische), Sicherheit, Orientierung und Beständigkeit. Und wenn das Evangelium vom Jesus-Gefährten als Schaf spricht, dann ist damit gemeint, dass diese Menschen klug und authentisch entscheiden, dass sie sich nicht einfach einfangen lassen, sondern der Sprache des Vertrauens folgen. In diesem und nur in diesem Sinne bin ich dann gerne ein Schaf.

Segen erfahren

Um den Bereich des Lebens, des Schutzes und des Vertrauens geht es häufig und sehr nachvollziehbar im Kontext von Kindertaufen. Neben der Dankbarkeit für das Geschenk des neuen Lebens ist bei vielen Eltern auch der tiefe Wunsch mit Händen zu greifen, dass das Leben des Kindes gelingen möge, dass es behütet und beschützt durchs Leben gehen möge. Die Verheißung des Glaubens lautet in diesem Zusammenhang „Segen“. Ich empfehle Eltern immer gerne, einen Taufspruch für ihr Kind zu wählen, also ein biblisches

Leitwort, das von dieser Bitte und Sehnsucht nach Behütet-Sein spricht.

Tief beeindruckt hat mich kürzlich die Auswahl der Taufsprüche eines jungen Elternpaars, welches unter recht dramatischen Umständen Zwillinge bekommen hat. Ein Kind hat wohl sein Leben lang mit einem beeinträchtigenden Handicap klarzukommen. Für dieses Kind haben die Eltern das bereits zitierte Jesus-Wort gewählt: *„Ich bin gekommen, damit sie das Leben haben und es in Fülle haben."* Ihre Gedanken dazu waren: Der Bereich des Lebens, von dem Jesus spricht, hat mit Annahme, Liebe und ganz individuellen Gnadengaben zu tun; in diesen Bereich sei auch ihr Kind gerufen. Es möge ein erfüllendes Leben finden – gerade nach diesem sorgenvollen Start. Es möge getragen sein von Annahme und Zuwendung und es möge seine besonderen Gaben entfalten.

Für den Zwillingsbruder wählten sie einen Vers aus dem Buch der Psalmen, der viele Eltern sehr anspricht: *„Von allen Seiten umgibst du mich und hältst deine Hand über mir"* (Psalm 139,5). Genau diese Erfahrung möchte ja die Tauffeier sinnfällig ausdrücken: die schützenden Hände, die schützende Kraft Gottes, die Geborgenheit, die der Glaube schenken möchte. Doch die segnende Hand Gottes ist kein Deckel, der begrenzt und einengt. Sie ist vielmehr eine Hand, die Kraft schenkt, Möglichkeiten eröffnet und neue Wege erlaubt.

Ein weiterer sehr beliebter Taufspruch findet sich in Psalm 91: *„Denn er befiehlt seinen Engeln, dich zu behüten auf all deinen Wegen"* (V.11). Wer sich für den Glauben entscheidet und auf Gott vertraut, der hat demnach immer einen Engel an seiner Seite, der ihn beschützt und ihm den Weg weist.

Wichtig für viele Eltern ist bei der Taufe auch der Aspekt, dass Gott ihr Kind persönlich beim Namen ruft. Nicht umsonst spielt die Namensgebung am Beginn der Taufliturgie eine wichtige Rolle. Daher ist ein Wort aus dem Buch des Propheten Jesaja ein sehr passender Taufspruch: *„Fürchte dich nicht, denn ich habe dich ausgelöst, ich habe dich beim Namen gerufen, du gehörst mir!“* (43,1).

In diesem Zusammenhang möchte ich abschließend noch einen weiteren Bibelvers nennen, der tiefsinnig die Verheißung des Glaubens ausspricht, und zwar im Hinblick auf umfassendes Lebensglück: *„Er schenke dir, was dein Herz begehrt, und er erfülle all dein Planen“* (Psalm 20,5). Als glaubender Mensch vertraue ich Gott mein Leben, die Lebenspläne und die Zukunft an. In der Bitte des Psalms wird deutlich, dass vieles im Leben ein Geschenk ist. Etwas, das wir nicht selbst schaffen können; nur Gott kann letztlich unser Lebensglück erfüllen.

Vergebung erfahren

Neben der Verheißung von Segen, Schutz und Orientierung schenkt der Glaube auch Vergebung und tiefe Versöhnung. Die Verheißung der Sündenvergebung ist für viele Christen eine große Kraftquelle. Auch gesellschaftlich ist die Bedeutung von Vergebung durch die Ungewissheiten der Pandemie wieder verstärkt ins Bewusstsein getreten. Sehr luzide hat das schon zu Beginn der Corona-Krise der damalige Gesundheitsminister Jens Spahn ins Wort gebracht: „Wir werden einander viel verzeihen müssen.“ Das gilt im politisch-gesellschaftlichen Bereich wie auch im zwischenmenschlichen Kontext bei großen Themen und im Kleinen.

Oft fehlt allerdings ein „Klima der Vergebung“, es fehlen Räume oder Menschen, die konkrete Erfahrungen von Vergebung und Versöhnung ermöglichen. Das wird mir immer wieder im Kontext der Beichte bewusst. – Wohin soll ich gehen mit meiner Schuld aus der Vergangenheit, mit meinen unheilvollen Verstrickungen, meinen (Drogen-)Süchten, mit meinem Hass mir selbst und anderen gegenüber, mit meiner Ablehnung des Guten und Göttlichen? – Ich habe zutiefst beeindruckende Beichten von sehr unterschiedlichen Menschen erlebt und die Erfahrung ihrer tiefen Freude über das Geschenk der Vergebung, das Jesus zusagt. Oft gilt dabei: Je tiefer der Fall, desto tiefer auch die Erfahrung von Versöhnung.

In der Bibel faszinieren mich zwei Facetten des Themas Vergebung besonders. Zum einen wie eindrucksvoll Jesus nach Ostern den Jüngern, die ihn in den schlimmsten Stunden seines Lebens alleingelassen und verleugnet haben, seine Vergebung zusagt. Zum anderen die Vaterunser-Bitte: *„Vergib uns unsere Schuld, wie auch wir denen vergeben, die an uns schuldig geworden sind“* (Matthäus 6,12, Hfa). Hier wird auch die zwischenmenschliche Vergebung in den Fokus gerückt.

Zunächst zum Geschenk der Vergebung im Kontext von Tod und Auferstehung Jesu: Die Vergebungserfahrungen, die die

Jünger dort mit Jesus machen durften, können wir uns gar nicht überraschend und umwerfend genug vorstellen. Nach dem schrecklichen Tod Jesu und den ganzen furchtbaren Begleitumständen machen die Jünger entgegen aller Erwartungen die Erfahrung, dass Jesus neu auf sie zukommt, ihnen neu begegnet: *„Er kam in ihre Mitte…“* steht oft recht lapidar in den biblischen Ostergeschichten. Für Maria Magdalena zum Beispiel ist das zunächst unglaublich, weil sie als Liebende ganz tief in ihrer Trauer festhing. Sie war blind vor Tränen und Schmerz (vgl. Johannes 20,11–18).

Für die Männer, allen voran Petrus, ist das Ganze unglaublich, weil sie das Kapitel Jesus schon nach seiner Verhaftung beendet hatten. Die Jünger fliehen und Petrus verleugnet Jesus ganz bewusst. Deutlicher hätte man nicht ausdrücken können: „Wir wollen mit dir, Jesus, nichts mehr zu tun haben.“

Jesus aber macht von sich aus einen Neuanfang. Es beginnt gewissermaßen eine neue Schöpfung. Und diese neue Schöpfung kommt – völlig unerwartet und überraschend – nicht mit Gericht und Gewittergrollen, sondern mit dem Friedensgruß. So lautet das erste Wort der neuen Schöpfung: *„Friede sei mit euch“* (Johannes 20,19ff).

Jesus macht weiter mit denen, die ihn in den schwersten Stunden seines Lebens verraten und verleugnet haben, und geht mit ihnen liebevoll und barmherzig um. Er lässt sie erkennen, dass er ihnen treu bleibt.

Diese entgegenkommende, aufrichtende und vor allem vergebende Liebe hat die Jünger im Innersten getroffen und neue Menschen aus ihnen gemacht. Dankbare Menschen, die Jesus über alles geschätzt haben; die fortan bereit waren, alles für ihn zu tun und zu geben.

Wichtig ist, dass diese Erfahrung des Ursprungs auch uns heute berühren und verwandeln will. Dass die Beziehung Gottes zu mir durch aufrichtende und vergebende Liebe geprägt ist, kann mir tiefen inneren Frieden schenken und mich zu einem neuen Menschen machen. – Was ist dann alles möglich, wenn es so um mich bestellt ist? Wenn über der neuen Schöpfung das Wort „Frieden" schwebt und nicht „Misstrauen" oder „Angst"?

In der bewegenden Geschichte vom zweifelnden Thomas (Johannes 20,24–29) wird diese Dynamik von Vergebung wunderbar erzählerisch verdichtet. Es ist die langsame Verwandlung und Transformation zu einem neuen Bewusstsein. Zunächst sehen wir noch den verhärteten, misstrauischen Menschen. Obwohl er ja bereits circa drei Jahre mit Jesus unterwegs war und, wenn man so will, eine intensive geistliche Ausbildung bei Jesus erhalten hatte, ist die erste Reaktion auf die freudige Mitteilung der anderen Jünger am Ostertag, dass sie den Herrn gesehen hätten: Misstrauen, Ärger und Neid. Warum hat er mich außen vor gelassen? Was ist falsch an mir? Warum die anderen und nicht ich?

Hier melden sich das zurückgewiesene Kind, das trotzige Kind-Ich, sowie Bitterkeit und Verletztheit. Dieses emotionale Programm ist natürlich tief in uns Menschen eingeprägt, aber im Christentum geht es darum, genau dies zu überwinden.

Bei Thomas geht das über die eigentlich wahnwitzige Herausforderung Gottes: Er stellt Bedingungen, die noch nie ein Mensch vorher an Gott gerichtet hat: Ich möchte die Finger in die Male der Nägel an den Händen legen und meine Hand in seine Seite. Sonst glaube ich nicht. Also mit anderen Worten: Ich möchte Gott wirklich berühren. Und was passiert? Jesus geht tatsächlich Punkt für Punkt auf die irrwitzigen Bedingungen von Thomas ein. Keine anklagende Rede Jesu, kein Gewitter ob der beleidigten Forderungen des Thomas, sondern: Jesus sieht Thomas an. Vielleicht lächelt er. Und Thomas ahnt, was nun passieren wird. Jesus lässt Thomas die Finger in die Hände legen und die Hand in seine Seite. Jesus begegnet Thomas vergebend und aufrichtend. Und durch die Berührung wird die neue Gemeinschaft der beiden angezeigt.

Die Hand in der Seite, eine intime Geste, steht für das Wunder der Einheit mit Gott: Geschöpf und Schöpfer berühren sich. Diese Erfahrung verwandelt Thomas. Er gelangt zu einer neuen Beziehungsebene, zur Antwort des neuen Menschen: *„Mein Herr und mein Gott."* Er kann nun sein ganzes Vertrauen auf den Auferstandenen setzen, vielleicht noch stärker als die anderen Jünger. Denn: Wir können umso höher steigen, je härter wir vorher gefallen sind.

Dass eine der grundlegendsten Verheißungen der Jesus-Nachfolge die Vergebung ist, bildet auch den Hintergrund der Vaterunser-Bitte, die auf Vergebung und Versöhnung abzielt.[30] Nur die wichtigsten Themen hat Jesus in sein Grundgebet aufgenommen; die Vergebung gehört unbedingt dazu.

Beim Vers *„Vergib uns unsere Schuld, wie auch wir vergeben unseren Schuldigern"* geht es um die göttliche und die menschliche Vergebung beziehungsweise Vergebungsbereitschaft.

Im ersten Teil wird die göttliche Vergebung angesprochen: „Gott, Vater, erlass du uns unsere Schuld." Wer so betet, weiß, dass er als Mensch bei Gott Schulden hat: Gott hat uns etwas gegeben, viel gegeben – und das können wir nicht so einfach zurückzahlen. Letztlich ist doch alles, was wir Menschen haben und sind, ein Geschenk.

Ich denke, dass ist uns gerade in den Zeiten der Pandemie besonders deutlich geworden. Allein schon, dass wir leben und atmen dürfen, haben wir selbst nicht gemacht oder im Griff. So vieles habe ich empfangen, ohne selbst etwas dafür getan zu haben. Wer solchen Gedanken nachgeht, wird sich der Realität seines Daseins auf ganz neue Weise bewusst. Er kann ein Gefühl von Dankbarkeit empfinden gegenüber dem großen Geheimnis des Lebens. Für Jesus und uns als seinen Nachfolgern und Jüngerinnen steht hinter diesem Geheimnis: Gott – der „Abba", der Vater. Vor ihm stehen wir mit Dankbarkeit und zugleich mit der Erfahrung: Was haben wir angesichts dieser vielen Gaben und Geschenke doch für Schulden vor dir, eine ganze Hand voller Liebesschulden.

Es geht hier also zunächst um ein tiefgründiges Beziehungsverhältnis zwischen Gott und dem Menschen. Und hier ist es sehr wichtig, genau wahrzunehmen, wie dieses nach Jesus aussieht. Wer steht da in Beziehung?

Nach Jesus steht da nicht auf der einen Seite Gott, der große Strafrichter in seinem gewaltigen Zorn und auf der anderen Seite der Mensch, ein seiner ganzen Natur nach sündiges Geschöpf. Nein, nach Jesus steht da vielmehr auf der einen Seite ein bedingungslos liebender Gott und auf der anderen Seite der von diesem Gott gewollte Mensch, der immer erst der Geliebte ist und dann zugleich auch ein sündiger, schwacher Mensch, der in seiner Unvollkommenheit Gutes unterlassen und Böses tun kann. Das dürfen wir immer mitdenken, wenn wir beten *„Vergib uns unsere Schuld"*.

Trotz aller späteren Verfehlungen bin und bleibe ich ein geliebtes Kind des göttlichen Vaters. Damit ist klar, dass das Tun und die Leistung des Menschen nicht an erster Stelle stehen. Vielmehr steht dort die Initiative Gottes. Es geht um einen Gebetsruf tiefen Vertrauens. Wenn wir dies in der Tiefe des Herzens verstanden haben, sehen wir auch sehr klar die Brücke zum zweiten Teil des Verses: *„wie auch wir vergeben unseren Schuldigern."*

Wenn ich erfahren habe und immer neu erfahre, dass Gott mir meine Schulden erlässt und mich trotz meiner Sünden nicht fallen lässt, dann entsteht in mir ein Impuls diese Erfahrung auch in meinen Beziehungen zu leben. Göttliche und menschliche Vergebungsbereitschaft sind im christlichen Glauben aufs Engste miteinander verbunden. Wer also das Vaterunser aufrichtig betet, bekundet damit zumindest seinen Wunsch und seine Sehnsucht, dass auch zwischenmenschliche Vergebung möglich wird. Jeder ehrliche Betende weiß aber zugleich, dass Vergeben unter Umständen gar nicht so einfach ist. Tiefe Verletzungen brauchen manchmal eine lange Zeit bis nicht nur der innere Wille, sondern auch das verwundete eigene Herz wirklich sagen kann: „Ich habe vergeben."

Letzten Endes geht es darum: Aus dem vertrauensvollen Gottesbild, welches uns Jesus geschenkt hat, immer wieder neu die Kraft für eine Haltung der Versöhnung und Vergebung zu ziehen. Bei den schwerwiegenden Verletzungen und Kränkungen, die wir von anderen Menschen erlitten haben, wird das wohl meistens ein längerer Prozess sein. Das geht nicht mal eben so, denn der Stein, der auf unserer Seele liegt, kann sehr schwer sein. Vielleicht steht am Anfang „nur" die Bitte an Gott, dass er jenen Menschen vergeben möge, denn dann entlaste ich mich von dem Zwang, dass ich vergeben muss. Die Nachfolge Jesu zielt auf jeden Fall aber auf einen versöhnten und vergebungsbereiten Lebensstil ab. Christen sind – im Idealfall – Menschen der Versöhnung.

Christliche Resilienz

Wenn ich die genannten Verheißungen des Glaubens, die ein Leben in den Spuren Jesu bereithält, in einem Begriff zusammenfassen wollte, würde ich den Begriff der Resilienz wählen. Nach meiner Erfahrung gibt es nämlich so etwas wie „christliche Resilienz". Das Wort Resilienz hat seit einiger Zeit Konjunktur und kann als Widerstandsfähigkeit gegenüber schweren Belastungen und widrigen Umständen verstanden werden. Resilienz ist gewissermaßen das Immunsystem der Seele. Besonders bewusst geworden ist mir das durch die Bekanntschaft und mittlerweile Freundschaft zu einer etwa 70-jährigen Frau, die ich am Dom kennengelernt habe. Sie hatte in ihrem Leben große Verlusterfahrungen und eine dramatische eigene Krankheitsgeschichte zu bewältigen. Nach eigener Auskunft und Deutung konnte sie diese Schicksalsschläge durch eine tiefe Beziehung zu Jesus Christus und das Vertrauen in die heilenden Kräfte Glaubens zunächst aushalten und schließlich überwinden. Die Leiderfahrungen hätten sie auf einen authentischen und tiefgründigen Weg des Glaubens gebracht, eine innere und dann auch äußere Wende bewirkt. Heute ist sie geistliche Begleiterin und inspiriert viele Menschen durch ihre gelassene und liebevolle Lebenseinstellung.

Die Lebens- und Glaubenserfahrungen der Frau beeindrucken und berühren mich sehr und haben mein Vertrauen in die heilsamen Wirkungen einer Beziehung zu Jesus gestärkt. Glaube kann wirklich Resilienz schenken.

Im Neuen Testament muss ich in diesem Zusammenhang immer an Paulus denken. Wie keine andere biblische Figur gibt er uns in seinen Briefen Einblicke in seine Seelenlandschaft, in seine Freuden und Leiden. Er ist für mich der biblische Zeuge schlechthin für die seelischen Widerstandskräfte, die der Glaube schenken kann.

Eine Stelle, wo er diese Erfahrung mit eindringlichen Worten beschreibt, findet sich im zweiten Korintherbrief (vgl. 2. Korinther 12,7–10). Dort erzählt Paulus sehr offen von seinem Schicksal, als Apostel Jesu unterwegs zu sein, und welche harten Strapazen sein Leben belasten. Da sind Anfeindungen und Verfolgungen von Glaubensgenossen und Nicht-Gläubigen, da sind eine gewisse Rastlosigkeit und beständige

Stresssituationen, da sind Misserfolge bei der Mission (in Athen zum Beispiel ist er ziemlich grandios mit der Botschaft von der Auferstehung Jesu gescheitert); außerdem sind da körperliche und seelische Schmerzen, ein beständiger „Stachel im Fleisch", als würde ihn der Teufel persönlich mit Fäusten schlagen.

Paulus ringt, aber er arrangiert sich mit seiner Situation, entwickelt Resilienz. Er interpretiert sein Schicksal als Schutz vor Überheblichkeit. Als mit einer mystischen Christus-Erfahrung beschenkter Mensch stand er wohl in der Gefahr „abzuheben". Die Schicksalsschläge „erden" ihn, wie wir heute sagen würden. Vor allem aber führen sie ihn immer wieder in die Arme Christi, in seine Gnade hinein. Paulus wird zum Zeugen eines „inneren Plus" in den Phasen, in denen er sich ganz unten fühlt. Er erzählt von einer Energiequelle, seiner Resilienzquelle, aus der sich leidvolle Ohnmacht in höchstmögliche Wirkkraft verändert.

Dieses „Plus" heißt für ihn Christus: die Erfahrung seiner Nähe und Gegenwart, ein Getragen-Sein von ihm: „Wenn ich schwach bin, gerade dann macht er mich stark. Deshalb sage ich ‚Ja' zu meinem Schicksal." Paulus erfährt Christus als den Starken, den Herrn aller Mächte und Gewalten. Da ist eine Kraft, die nicht von ihm kommt. Und er hört Christus zu sich sagen: „Meine Gnade genügt dir; denn die Kraft wird in der Schwachheit vollendet." Daraus folgert Paulus: „Viel lieber also will ich mich meiner Schwachheit rühmen, damit die Kraft Christi auf mich herabkommt."

Die Erfahrung des Paulus kann man sicher nicht erzwingen und für sich selbst in der Anwendung herbeireden. Aber als Christ darf ich darauf hoffen, ja vielleicht sogar damit rechnen, dass auch mir diese Erfahrung geschenkt werden kann. Christliche Resilienz meint dann: Wenn ich schwach bin, macht er mich stark.

Identität

Neben den persönlichen Kraftressourcen, die der Glaube schenkt, gibt es schließlich auch noch so etwas wie eine gemeinschaftliche Verheißung des Glaubens. Ein Leben in der Nachfolge Jesu schenkt Identität, eine Gruppen-Identität.

Der Begriff der „Identität" begegnet einem heute vielfach. Alle Welt scheint auf der Suche nach der eigenen Identität zu sein: in der Politik, in der Kirche, in sozialen Netzwerken. Es geht um Profil und Zugehörigkeit. Gerade auch junge Menschen suchen ihre Identität. Mit Blick auf das Evangelium kann man sagen: Jesus schenkt seinen Jüngern ihre (religiöse) Identität, ihre Bestimmung! Wer seid ihr Jesus-Leute, ihr Christen eigentlich? Wer sind diejenigen, die diesem Jesus nachfolgen, sich auf ihn berufen? Jesus selbst gibt die Antwort auf die Frage nach der Identität der Christen, und zwar mit den berühmten Sätzen aus der Bergpredigt im Matthäusevangelium: *„Ihr seid das Salz der Erde. [...] Ihr seid das Licht der Welt"* (Matthäus 5,13f). Es handelt sich um Aussagesätze, Identitätsaussagen. Da heißt es nicht „ihr sollt, dürft oder könnt sein ...", sondern „ihr seid".

Wir – das Salz der Erde? Wir – Licht für die Welt? Passt diese Aussage denn auf unsere eigene Selbstwahrnehmung? Ich kenne mich doch selbst ... ich bin doch eine fragwürdige

Existenz, mit Sorgen belastet, mit Schwächen und Komplexen. Ist nicht allein Jesus das Licht der Welt? Da gibt es ja viele Aussagen in der Bibel in diese Richtung (s. Johannes 8,12).

Es ist schon eine Provokation Jesu: Jesus ist entgegen unserer Meinung der Meinung, dass wir Licht der Welt und das Salz der Erde sind! Er spricht uns tatsächlich diese Identität zu! Wichtig ist dabei: Niemals darf die Kirche oder eine konkrete Gemeinde das von sich aus sagen: „Wir sind das Salz der Erde"; oder gar ich selbst: „Ich bin das Salz der Erde"; das wäre eine Anmaßung und wohl eher eine teuflische Arroganz. Nein, nicht „wir sind", sondern es gilt: „ihr seid"! Hier geht es nicht um ein Produkt der Kirche, sondern eine Zusage, eine Bestimmung von oben!

Was bedeutet die Zusage Jesu aber inhaltlich? Wie verstanden damalige Menschen das Wort „Salz"? – Salz war auf jeden Fall heiß begehrt. Es war das lebenswichtige weiße „Gold", weil es drei Wirkungen hatte: eine bewahrende, eine würzende und schließlich eine reinigende.

Zunächst zur konservierenden, bewahrenden und rettenden Wirkung des Salzes: Salz bewahrt Lebensmittel vor Fäulnis, es stoppt den Zersetzungsprozess und verleiht den Dingen Dauer. Übertragen auf Christen bedeutet das Bild: Jesus-Jünger sollen Leben erhalten, es vor der Zersetzung bewahren. Letztlich kann der Glaube sogar die absolute Zersetzung im Tod überwinden.

Weiterhin hat das Salz damals wie heute eine würzende Wirkung. Salopp ausgedrückt bedeutet dann die Zusage Jesu: „Ihr seid ein Gewürz." Die Dinge gewinnen an Geschmack, an Qualität durch das Salz. Und umgekehrt gedacht: Ohne Salz schmeckt alles fade. Der Mensch ist ein Wesen, das das Fade nicht will; der Mensch will die Dinge und sein Leben nicht bloß herunterschlingen.

Jesus-Nachfolger sollen also dem Leben Würze geben. Sie sollen das Leben schmackhaft machen – für sich und andere! Sie dürfen keinen faden Brei servieren!

Und schließlich hat das Salz eine reinigende Wirkung. Salz hat Biss, Schärfe, Kraft gegen den Schmutz, es macht die Dinge „rein". Die Reinheit, das Reinigen war für Jesus eine wichtige Sache. So sagt er in den Seligpreisungen: *„Selig, die rein sind im Herzen; denn sie werden Gott schauen"* (Matthäus 5,8).

Wie aber hat Jesus Reinheit verstanden, also religiöse Reinheit? Viele religiöse Gruppen damals wie heute haben da eine sehr defensive Strategie, auch sehr oft meine katholische Kirche. Das Motto lautet: „Bitte aufpassen, dass man sich nicht schmutzig macht. Der Schmutz ist draußen, wir müssen den abwehren und uns schützen." Bei Jesus aber geht es um die Reinheit im Innern, er vertritt eine offensive Strategie: „Ihr müsst keine Angst vor den äußeren Dingen haben, ihr müsst eher darauf aufpassen, was sich in euch an Schmutz und Dunkelheit bildet." So war er ja auch häufig und gerne mit Sündern und sogenannten Unreinen zusammen; er hat Tischgemeinschaft mit ihnen gehalten.

Die Salz-Identität bedeutet demnach für Christen: „Geht äußerlich ruhig an die vermeintlich schmutzigen Dinge ran und versucht eine heilende Wirkung auszustrahlen. Seid

Salz, denn Salz ist herausfordernd, mutig, überträgt Kraft; es macht Dinge wieder gesund!“

Zusammengefasst würde ich die Identität, die Jesus uns schenkt, so ausdrücken: Unterschätze dich nicht! Unterschätze nicht das, was Gott aus dir machen kann; nicht du selbst kannst das, aber Gott in dir.

Er sagt: Ihr seid das Salz der Erde. Vergesst das nicht! Auf sein Wort hin könnt ihr daher das Leben vor der Zersetzung bewahren; das Lebenswerte schützen und erhalten. Ihr könnt wie ein Gewürz sein, damit die Menschen auf den Geschmack an Gott kommen. Und ihr könnt mit Biss gegen den Schmutz der Welt angehen, könnt Gesundheit und heilende Erfahrungen verbreiten!

9. Dem Heiligen Raum geben

Das persönliche Ja zu einem Weg mit Jesus, das Wagnis Gott zu vertrauen, führt mich in einen Raum der Verbundenheit, der Geborgenheit und der neuen Identität. Ich betrete sinnbildlich heiligen Boden. Diese Erfahrung ist meistens äußerlich betrachtet eher unspektakulär, aber innerlich entdecke ich einen neuen Kontinent. Ich spüre: Es gibt mehr Brücken zwischen Himmel und Erde, als ich oft wahrnehme. Es gibt eine Durchlässigkeit der beiden Sphären. Auch schon vor Corona haben sich viele in einer streng getakteten und sorgfältig durchgestylten Lebenswelt wie gefangen gefühlt – so wie in einer abgeschotteten Blase. Der Glaube kann diese Sicht wohltuend aufbrechen und weiten. Aus der Perspektive des christlichen Glaubens ist die Erde von der Gegenwart Gottes, der Präsenz des Himmels und des Heiligen, durchdrungen. Sein Wille und sein Segen sind präsent im Himmel und auf Erden. Der Jesuitenpater Alfred Delp hat mal treffend gesagt: „Man verrät den Himmel, wenn man die Erde nicht liebt, und man verrät die Erde, wenn man nicht an den Himmel glaubt.“ Diese Ahnung beziehungsweise innere Wahrnehmung einer Verbindung von Himmel und Erde

*Zeige mir, was du tust,
dann sage ich dir, was dir heilig ist
und was du glaubst*

hängt für mich eng mit der Kategorie des Heiligen zusammen.

„Das Heilige“ übt für viele eine große Faszination aus. Heilig ist das, was ganz wichtig für mich ist, was ich nie verlieren möchte, was mir keiner kaputtmachen darf. Es ist das, was mein Leben trägt. Etwas Heiliges ist etwas besonders Kostbares, etwas Wertvolles, dasjenige, was über die Enge und die Öde des Alltags hinausweist.

Vielfach wird das Heilige gar nicht direkt mit dem religiösen Bereich verbunden. Gewisse Gegenstände, Freundschaften, Orte können einfach „nur“ wegen einer besonderen persönlichen Geschichte und Beziehung „heilig“ sein. Auf der Hitliste bei Umfragen zum Thema „Heilig ist mir…“ stehen seit Jahren folgende beiden Bereiche an der Spitze:

1. Familie, als die, die für mich da sind, und …
2. Freunde und Freundinnen, denen ich vertrauen kann, mit denen ich über alles sprechen und Spaß haben kann.

Es geht beim Heiligen immer um reale Beziehung. Verbindlichkeit statt Beliebigkeit ist das wichtigste Merkmal einer Verbindung zum Heiligen. Das andere wichtige Merkmal ist: Das, was mir heilig ist, pflege ich. Ich verwende Zeit und Kraft darauf, um dem gerecht zu werden, was mir heilig ist. Umgedreht heißt das: Wenn wir uns Rechenschaft darüber ablegen, wofür wir uns engagieren und wofür wir unsere Zeit einsetzen, entdecken wir, was uns heilig ist. Anders gesagt: Zeige mir, was du tust, dann sage ich dir, was dir heilig ist und was du glaubst.

Gottes Präsenz im Alltag

Christlich gesehen hat „heilig“ immer auch mit der Sphäre Gottes zu tun. Für mich als gläubigen Menschen hat das Heilige sehr viel mit der geheimnisvollen Präsenz Gottes mitten im Leben zu tun. Das Heilige ist für mich eine Chiffre für die verborgene Anwesenheit Gottes in allen Dingen. Diese Anwesenheit gilt es immer wieder wahrzunehmen, zu entdecken und dem Heiligen immer wieder neu Raum zu geben.

Heiliges muss aber auch gehütet werden. Ein Christ und Jesus-Nachfolger ist ein „Hüter des Heiligen“. Jesus packt das in der Bergpredigt in die markige Formulierung: „*Gebt das Heilige nicht den Hunden und werft eure Perlen nicht den Schweinen vor*“ (Matthäus 7,6). Wo können wir dem Heiligen in unserem Leben Raum geben? Und wie können wir das Heilige als etwas Schützenswertes erfahren, dass uns wiederum einen Schutzraum schenkt, in dem wir ganz wir selbst sein und zu uns selbst finden dürfen?

„Das Heilige“ als Basiskategorie des Glaubens möchte ich in einer Bewegung von innen nach außen beschreiben. Zuerst geht es um das Heilige in mir, dann um die äußeren Formen und Räume, die diese innere Wirklichkeit ausdrücken, unterstützen und auch neu hervorbringen. Der Raum des Heiligen ist innen und außen, weil Gott als „der Heilige“ schlechthin eine umfassende Wirklichkeit ist (vgl. z. B. Jesaja 6,3: „*Heilig, heilig, heilig ist der Herr der Heerscharen. Erfüllt ist die ganze Erde von seiner Herrlichkeit*“; oder Psalm 103,1: „*Preise den Herrn, meine Seele, und alles in mir seinen heiligen Namen*“).

Gott versteckt sich nicht in der Innerlichkeit des Menschen, er lässt sich aber auch nicht einfach in äußeren Ritualen und Räumen einsperren und domestizieren.

In den Zeiten der Corona-Pandemie haben die Frage nach der Innerlichkeit sowie die Frage nach verfügbaren Räumen für Gott und das Heilige noch einmal neue Dringlichkeit und neue Facetten gewonnen. Wo äußere Glaubensformen und insbesondere der gemeinschaftliche Gottesdienst „in Präsenz“ nicht oder kaum praktizierbar waren, ploppte das Thema der persönlichen, innerlichen Spiritualität ganz direkt und unausweichlich auf. Zugleich wurden neuen Räume des Glaubens gesucht jenseits von Kirchengebäuden und Gemeindezentren: Wie kultiviere ich also mein geistliches Leben eigentlich zu Hause, in den eigenen vier Wänden? Gibt es so etwas wie digitale geistliche Gemeinschaft? Kann Heiliges via Bildschirm erfahren und geteilt werden?

Erste Studien zu „Corona und Glaube“, deren Ergebnisse sicher noch mit Vorsicht zu genießen sind, legen nahe: Die Religiosität gläubiger Christen sei in der Corona-Krise gewachsen, während Menschen ohne Religion eher noch weniger geglaubt hätten als zuvor. Die überkommene Formel „Not lehrt beten“ habe sich so nicht bewahrheitet. Nur in einigen binnenkirchlichen Bereichen sei die Gottesfrage angesichts des Leids in der Pandemie gestellt worden. Viele Menschen hätten an alternativen religiösen Angeboten in der Corona-Krise teilgenommen, etwa an einem Online-Gottesdienst. Trotz des Wegfalls der meisten gemeinschaftlichen Angebote gab eine große Mehrheit in Umfragen an, dass der

Glaube keine Privatsache sei. Man könne den Glauben nicht alleine leben.[31]

„Christus in mir"

Wenn ich vom „Heiligen in mir" spreche, klingt das zunächst vielleicht sehr allgemein, möglicherweise esoterisch. Die Devise „Entdecke das Heilige in dir!" oder „In dir lebt etwas Göttliches" findet man tatsächlich auf einigen weltfremden und pseudoreligiösen Internetseiten. Obwohl mich bei diesen – laut eigenem Bekunden – spirituellen Ratgebern vieles den Kopf schütteln lässt und mich so manche Naivität fassungslos macht, könnte die Grundahnung dahinter durchaus ernst zu nehmen sein. „Im" Menschen, das heißt bildlich gesprochen in seinem Herzen oder in seiner Seele, lässt sich ein Geheimnis erahnen, eine Präsenz, eine Anwesenheit, die ihn staunen lässt, die ihn übersteigt. In jedem Menschen ist ein heiliger Raum.

Nach christlichem Verständnis wird diese Ahnung präzisiert. Das Neue Testament und die christliche Spiritualitätsgeschichte haben die Formel geprägt: „Christus in mir". Diese Vorstellung und diesen Glauben finde ich äußerst inspirierend, weil darin die Kraft steckt, eine andere Art von Lebensgefühl zu entwickeln. Ich blicke so mit anderen Augen auf mich selbst, die Mitmenschen und auf Gott. Es geht um das Eins-Sein, um die Einheit von Gott und Mensch. Diese gott-menschliche Einheit ist für mich auch die Quelle für eine wirkliche Einheit zwischen den Menschen, zwischen den

Schwestern und Brüdern der verschiedenen Konfessionen und auch Religionen. Hier wird der Gedanke des „Christus in mir“ dann sehr konkret und geerdet. Das gilt auch für die beiden diesbezüglichen grundlegenden Zeugnisse in der Bibel: für die Worte aus dem Johannesevangelium und für den eigentlichen Entdecker des „Christus-in-mir-Prinzips“, nämlich Paulus. So hochtrabend einiges zunächst klingen mag, so konkret sind die Hintergründe und die Wirkungen der Glaubenserfahrung der göttlichen Anwesenheit im Menschen.

Im Johannesevangelium richten sich die Jesus-Worte über die Einheit von Gott und Mensch an eine verunsicherte wie auch verfolgte Gemeinde, die nach den Quellen fragt, aus denen ihr Halt und Kraft in schweren Zeiten zufließen. Der irdische Jesus ist ja nicht mehr fassbar und die Mitglieder der Gemeinde fühlen sich wie Waisen, die in der Welt zurückgelassen worden sind. In dieser Situation macht ihnen der Jesus des Johannesevangeliums Mut: Ihr seid keine Waisenkinder. Ich habe euch hineingenommen in meine tiefe Verbindung zu meinem Vater. Ihr seid ein Teil davon. Oder wörtlich im Abschiedsgebet von Jesus: *„Alle sollen eins sein: Wie du, Vater, in mir bist und ich in dir bin, sollen auch sie in uns sein, […]. Und ich habe ihnen die Herrlichkeit gegeben, die du mir gegeben hast, damit sie eins sind, wie wir eins sind, ich in ihnen und du in mir“* (Johannes 17,21ff).

Trotz aller sprachlichen Verschnörkelung wird ziemlich klar, worum es Jesus geht: „Ich in ihnen (den Gläubigen), du (Gott) in mir.“ Wie lässt sich aber dieses „ich in ihnen“, Christus in uns, verstehen? Was versteht das Johannesevangelium unter dem Eins-Sein mit Gott?

Zunächst geht es meinem Verständnis nach „nur" um Folgendes: mit dem Glauben, mit dem Vertrauen, dass Gott da ist, dass es ihn wirklich gibt, ernst machen und in einem positiven Beziehungsverhältnis mit Gott leben. Wir Menschen sind geliebter, als wir wissen! Unser Leben ist getragen von guten Mächten, Gott umarmt uns mit seiner Gegenwart. Jesus ersehnt sich in seinem Gebet eine Lebensgemeinschaft eines jeden Menschen mit seinem Gott, den er Vater nennt. So wie er selbst sie mit ihm gelebt hat.

Das Eins-Sein meint das persönliche In-Beziehung-Sein von Gott mit dem Menschen und umgekehrt: von den Menschen, von uns, mit Gott. Es geht also um Beziehung, um Kontakt, um Berührung – darum eine „connection" zu Gott zu haben. Der Grundgedanke ist: sich in Gott festmachen, mit Gott leben.

„Ich in dir" – „Du in mir": Das ist nach dem Johannesevangelium der Rhythmus der Beziehung zu Gott. Es ist ein Weg, ein Prozess der Einigung (vgl. Johannes 14,6). Einen Weg muss man gehen, und zwar einen Schritt nach dem anderen. Und so wie man von Mensch zu Mensch Schritte des Vertrauens gehen muss, so auch in der Beziehung zu Gott. Ich muss mich ihm immer wieder zuwenden, zu ihm sprechen, ihm zuhören, mit ihm zusammen sein. Der Unterschied ist natürlich, dass Gott immer nur der verborgen anwesende Partner ist, der geglaubte. Jesus sprach da gerne vom *„Vater im Verborgenen"* (Matthäus 6,6): *„Du aber, wenn du betest, geh in deine Kammer, schließ die Tür zu; dann bete zu deinem Vater, der im Verborgenen ist!"*

Das ist eigentlich schon alles, auf jeden Fall der erste Schritt, um das Prinzip „Christus in mir" zu leben. Es geht nicht darum, „einen Glauben zu haben", sondern ein glaubender, ein mit Gott lebender Mensch zu werden.

Theresa von Avila, eine große Gottesfreundin und Heilige, hat das einmal so ausgedrückt: „Inneres Beten ist nichts anderes als Verweilen bei einem Freund, mit dem wir oft allein zusammenkommen, einfach um bei ihm zu sein, weil wir sicher wissen, dass er uns liebt." – Das ist ein Tun des Herzens, eine innere Wirklichkeit: Ich denke daran, dass das Wirklichkeit ist, was ich glaube: Gott ist wirklich da, *„in ihm leben wir, bewegen wir uns und sind wir"* (Apostelgeschichte 17,28). Er ist so wirklich da wie jede andere anwesende Person – wenn auch verborgen. Ich rede nicht nur von Gott oder über Gott, ich verrichte nicht nur vor Gott mein Gebet, nein, ich pflege eine echte Beziehung zu ihm. Ich laufe nicht nur mit einer religiösen Weltanschauung im Kopf durch die Welt, sondern ich gehe mit dem verborgen anwesenden Gott durch meinen Lebensalltag, bin getragen von einem letzten, tiefen Vertrauen.

Den Weg der Einigung mit Gott gehen heißt also, in eine Lebensgemeinschaft mit Gott hineinzuwachsen, wie man in eine Freundschaft hineinwächst. Sich Schritt um Schritt von dieser Freundschaft prägen zu lassen und die Welt mit den Augen Gottes sehen zu lernen. Dabei handelt es sich keinesfalls um einen spirituellen Sonderweg in der Kirche! Nein, das ist das, was die Bibel unter „Glauben" versteht, was die ganze christliche Tradition unter Einheit und Gemeinschaft mit Gott versteht.

Annäherung an Paulus

Die Bedeutung einer echten, vertrauensvollen Lebensgemeinschaft mit Gott beziehungsweise Christus wird in einmaliger Weise in den Glaubenserfahrungen und der daraus erwachsenden spirituellen Theologie des Paulus greifbar. Paulus ist für mich neben Petrus und Maria Magdalena eine der faszinierendsten Gestalten der frühen Christenheit. Das hat auch damit zu tun, dass Paulus uns sehr viele Texte, seine Briefe, hinterlassen hat.

Paulus hat das Christentum aus der provinziellen Enge seiner Anfänge in Jerusalem herausgeführt hin zur Weltreligion. Er gab dem Christentum als Religion der Freiheit Profil. Aber von Beginn an ist er auch auf Gegner und viel Unverständnis gestoßen; und das ist durch die Geschichte bis heute so geblieben. Einige Passagen der Paulusbriefe wirken nämlich auf Christen heute abgehoben, frauenfeindlich, unverständlich. Und für viele ist Paulus bis heute eine dunkel und unbekannt gebliebene Gestalt. Wie können wir uns also diesem Paulus nähern, ihn besser verstehen?

Eugen Biser, ein bekannter katholischer Theologe, meinte, indem wir Paulus als Mystiker (neu) entdecken.[32] Diese Spur hat mir in meiner Annäherung an Paulus sehr geholfen. Die paulinische Entdeckung des „Christus in mir“ ist dabei ein Ankerpunkt.

Charakteristisch für Paulus ist, dass seine zentrale Lebenswende, das sogenannte Damaskus-Erlebnis (vgl. Apostelgeschichte 9,1–22), Dreh- und Angelpunkt seines Denkens und Lebens wurde. Von diesem Ereignis seiner Bekehrung ist er im Innersten erschüttert worden und die Ergriffenheit darüber wirkte sein ganzes Leben fort. Denn Paulus hat erfahren: Glaube ist ein Geschehen, bei dem etwas mit mir passiert, weil mich etwas ergreift. Etwas, das ich vielleicht gar nicht ganz genau beschreiben kann. Eine Macht, und zwar eine göttliche Macht, die in mir zu wirken beginnt. Eine Kraft, die mich über mich hinaus trägt, mich eins werden lässt mit all dem Leben um mich herum.

Glaube ist viel mehr und anderes als eine Sache des Kopfes oder der Moral. Glaube hat eine mystische Dimension. Auf jeden Fall hat Paulus seine Damaskus-Begegnung als ganz große innere Befreiung empfunden, und zwar als die Erfahrung: Gott ist kein Moralist, der auf Gesetze pocht, sondern Gott ist nur Liebe, eine Macht der Liebe, die sich ausströmen möchte in mein Leben hinein. Denk nur an das sogenannte Hohelied der Liebe, das er verfasst hat, und das bis heute der beliebteste Bibeltext bei Trauungen ist (vgl. 1. Korinther 13,1–13).

Die Christuserfahrung vor der Stadt Damaskus hatte ihn verändert – voll und ganz. Dort begann für ihn ein Leben, das er im Galaterbrief so beschreibt: *„Ich lebe, doch nun nicht ich, sondern Christus lebt in mir"* (2,20). Und damit sind wir bei einem Schlüsselsatz seiner Mystik, ja der Mystik überhaupt: Christus (lebt) in mir.

Es geht bei der Mystik um diese „Einwohnung". So nennt man das, dass Christus oder auch Gottes Geist, seine Kraft, in uns Wohnung nimmt, in uns lebendig ist, dass wir zum Tempel seiner Gegenwart werden.

Mystik ist ja leider so ein Modebegriff geworden. Alles ist mystisch, alles, was so ein bisschen geheimnisvoll, neblig oder düster ist. Mystik ist aber mehr, als dass ich die Vorhänge zuziehe und ein paar Räucherstäbchen anzünde. Es geht vielmehr um eine innere Begegnung und Erfahrung mit Gott: *„Die Liebe Gottes ist eingegossen in unsere Herzen"*, schreibt Paulus (Römer 5,5). Hast du das auch schon mal so erfahren?

Christus lebt in mir: Das ist also das eine, von dem Paulus überzeugt war. Das andere ist für ihn aber genauso wichtig: dass wir damit auch „in Christus" sind. Bei seiner Rede auf dem Areopag in Athen sagt Paulus: *„In Christus leben wir, in ihm bewegen wir uns und sind wir"* (Apostelgeschichte 17,28). Christus in uns – wir in Christus, das ist für Paulus völlig gleichrangig. Und diese Dynamik geht für Paulus dann auch noch weiter: *„Wenn also jemand in Christus ist, dann ist er eine neue Schöpfung"* (2. Korinther 5,17). Für Paulus ist die Erfahrung Gottes wie der Lichtanbruch am Schöpfungsmorgen – „Es werde Licht!" Die heilige Anwesenheit Gottes ist wie ein Sonnenaufgang im Herzen: *„Denn Gott, der sprach: Aus Finsternis soll Licht aufleuchten!, er ist in unseren Herzen aufgeleuchtet, damit aufstrahlt die Erkenntnis des göttlichen Glanzes auf dem Antlitz Christi"* (2. Korinther 4,6).

Die Nähe und Erfahrung Gottes hat für Paulus mit Licht zu tun wie bei seinem Damaskus-Erlebnis. In lichtvollen Augenblicken „sieht" er das Angesicht Christi und in diesem Angesicht den Lichtglanz Gottes. Ich bin in meinem Inneren erleuchtet, das steckt hinter dem „Christus in mir".

Hier wird auch eine Parallele zu den bereits in Kapitel sieben beschriebenen Blindenheilungen Jesu sichtbar, bei denen es auch um Erleuchtung und Gottesberührung ging. Ja, es geht im Christentum um Erleuchtung; da haben manche Freikirchen recht, die das stark betonen.

Paulus wäre aber nicht Paulus, wenn er einfach zeitlebens bei dieser Erleuchtungsharmonie und Seligkeit stehen geblieben wäre. In seinen Briefen finden wir nämlich auch die Korrektur beziehungsweise Ergänzung, und zwar in einem großartigen autobiografischen Bild – dem vom Schatz im zerbrechlichen Tongefäß.

Paulus sagt darin, dass wir den Schatz der Glaubenserfahrung, der Gottesnähe, in zerbrechlichen Gefäßen tragen (vgl. 2. Korinther 4,7). Bei ihm wird immer wieder deutlich: Ich selbst bin ein zerbrechlicher Schatzbehälter. Ein für mich unglaublich starkes Bild für einen Christen: kein Tresor des Glücks, sondern ein tönernes Gefäß.

Paulus empfand sich vermutlich als gelebte Spannungseinheit: Da war einerseits das Bewusstsein eines unverdient geschenkten Reichtums, einer inneren Kraft, und zugleich andererseits die Erfahrung einer ständigen Angefochtenheit und Hinfälligkeit. Aushalten konnte Paulus diese Spannung, weil er zutiefst überzeugt war: da ist eine Kraft von Gott, die trägt, auch wenn alles zerbricht, und eine Gnade, die alle Unbarmherzigkeiten (unsere eigenen und die der anderen) überwindet. Im Römerbrief fasst er dieses Vertrauen in die berühmten Worte: *„Nichts kann uns scheiden von der Liebe Christi"* (Römer 8,38f).

Der Theologe Karl Rahner hat einmal geschrieben: „Der Fromme, der Christ der Zukunft wird ein Mystiker sein, einer, der etwas erfahren hat, oder er wird nicht sein." Paulus kann uns immer wieder neu an diese Seite unserer Religion erinnern. Vielleicht ist der mystische Weg tatsächlich der Weg in eine neue Phase des Christentums. Viele spüren die Erschöpfung im überkommenen Christentum, die Schwere und die mitgeschleppten vergangenen Lasten.

Paulus aber macht Mut, den christlichen Glauben neu lebendig werden zu lassen: Glaube als ein Raum des Aufatmens und ein Raum der Begegnung, der Begegnung mit Christus in mir. Diesen Raumgedanken hat Paulus im Bild des inneren Tempels verdichtet: *„Wisst ihr nicht, dass ihr Gottes Tempel seid und der Geist Gottes in euch wohnt?"* (1. Korinther 3,16) Der Gedanke gefällt mir: die eigene Existenz, der eigene Leib, als Tempel Gottes. Und er bringt mich zu einer spirituellen Übung, von der ich gerne erzählen möchte.

Die Tempelführung durch das eigene Ich

So wie wir gelegentlich an einer Kirchenführung teilnehmen, so kann ich auch einmal einen bewussten Besuch in meinem inneren Tempel machen. Eine schöne Vorlage und Orientierungsgrundlage dazu bietet das historische Modell des Jerusalemer Tempels (der Salomonische Tempel). Dieser hatte verschiedene Bereiche und Bezirke: eine Gliederung in Vorhöfe, eine Vorhalle, ein Hauptraum (die Schatzkammer oder das

Heilige) und darin dann das Allerheiligste. Das Allerheiligste war durch eine hölzerne Zwischenwand abgetrennt beziehungsweise später im zweiten Tempel durch den berühmten Tempelvorhang. Wir können heute diese Tempelbezirke mit unseren inneren Bereichen in Verbindung bringen und so den heiligen Raum in uns vermessen:

1. Die Vorhöfe

Von außen nach innen gedacht betreten wir zunächst die Vorhöfe. Es gab den Vorhof der Völker und den der Israeliten, getrennt nach Männern und Frauen. Dort war sehr viel los, es herrschte viel Aktivität. Auf uns angewendet könnte dies der Bereich unseres Denkens, Planens, Redens und Handelns sein; der Raum für das Rationale, für Gespräche und Diskussionen. Interessant ist, dass der Bereich des Vorhofs des Jerusalemer Tempels schon ein Vorhof zum Heiligen ist; man zählt ihn zur Tempelanlage im weiten Sinne. Das hieße übertragen: Mein Tun und Denken, mein Studieren und Arbeiten hat immer schon einen Bezug und eine Verbindung zum Heiligen, zu Gott. Ich bin nie im unheiligen, gottlosen Raum. Der Heilige Geist wohnt auch bei scheinbar profanen Tätigkeiten in mir. Umgekehrt gilt aber auch: das Diskutieren, das Schaffen und Tun ist immer nur das Vorletzte. Das Letzte und Unverfügbare ist das Allerheiligste, da geht es ums bloße Dasein und Schweigen.

2. Der Opferbereich

Nach den Vorhöfen geht es in den Opferbereich des Tempels. Diesen betrat man durch die Vorhallen. Man sah dann insbesondere den großen Brandopferaltar, der im sogenannten Priesterhof lag. Auch da muss einiges los gewesen sein: Lautstärke, Gerüche, Rauch, Feuer, Tiere, Blut, viele Menschen (Händler, Betende). Dieser Ort könnte innerlich für Leben, Leiden und Leidenschaft stehen; für das Emotionale, das Glühende, das Brennende, positiv wie negativ.

Wenn wir den Vorgang des Opferns an dieser Stelle positiv aufgreifen wollen, steht das Opfer für Hingabe, Herzblut, das Ganz-dabei-Sein. Welche Bereiche in mir sind das? Es ist wichtig diese wahrzunehmen, sie haben ihren wichtigen Platz in mir. Natürlich bergen diese Bereiche auch Gefahren, nämlich dass ich diese Bereiche egoistischen Zwecken unterordne und eine „Markthalle" daraus mache: *„Schafft das hier weg, macht das Haus meines Vaters nicht zu einer Markthalle!"* (Johannes 2,16). Berechnete Hingabe oder kalkulierte Leidenschaft bergen die Gefahr des Abstumpfens, dass ich beispielsweise unempfindlich gegenüber dem Leid werde.

3. Die Schatzkammer

Nach diesem Bereich näherte man sich dem heiligsten Bereich des Tempels, der Schatzkammer. Hier sah man den Rauchopferaltar und den großen siebenarmigen Leuchter, dann die Abtrennung zum sogenannten Allerheiligsten. Auf den inneren Tempel bezogen können wir von heiligen Zonen unseres Lebens sprechen. Was findet sich darin? Vielleicht Liebe, Freundschaft, Gebet, Spiritualität, Schweigen? Schließlich ist das der letzte und heiligste Bereich.

Im Salomonischen Tempel wurde im Allerheiligsten die Bundeslade aufbewahrt; da diese gestohlen wurde, war der Bereich des Allerheiligsten im zweiten, dem wieder aufgebauten Tempel leer. Hinter dem Tempelvorhang war ein leerer Raum; ein Zeichen für die schweigende Anwesenheit Gottes, die Präsenz des heiligen Namens Gottes.

Ich würde diesen Bereich auch als Raum der Sehnsucht und eben als Raum des Heiligen bezeichnen. Gibt es im übertragenen Sinne auch einen solchen Raum in mir? Einen Raum des Heiligen, des Geheimnisses? Diesen Bereich in uns müssen wir besonders hüten, so wie die Israeliten das Allerheiligste besonders gehütet haben. In diesen Bereich darf ich immer wieder neu hineinfinden, ich brauche nicht nur in den Vorhöfen und bei den Opferbereichen stehen bleiben. Ich darf einen Blick hinter den Vorhang wagen. Hier sehe ich auch die Verbindung zum Pauluswort vom inneren Tempel: *„Der Tempel Gottes ist heilig und der seid ihr“* (1. Korinther 3,17). Letztlich ist in diesem Gedanken die Würde und Heiligkeit des Menschen grundgelegt und verbürgt.

Kirche als Raum und Gemeinschaft

In diesem Kapitel habe ich bislang viel von den Räumen der Innerlichkeit gesprochen, von der Erfahrung der Anwesenheit Gottes beziehungsweise Christi im eigenen Herzen, im Verborgenen. Klar ist aber doch auch: Das Leben spielt sich nicht nur im Inneren des Menschen ab. Er ist ein leibliches und sinnliches Wesen. Die Musik spielt natürlich auch außen. Wir glauben, beten und hoffen nicht nur mit unseren Herzen. Daher ist mir die Verbindung von Geistlichem und Leiblichen sehr wichtig, damit das Mystische nicht zu abgehoben ist. Ohne äußere Formen, ohne Geländer, ohne Rituale und vor allem auch ohne eine konkrete Glaubensgemeinschaft wird der innere Glaube auf Dauer schal und wackelig, vielleicht sogar halt-los. Es kommt auf die rechte Balance an. Ich persönlich würde das als das „katholische Prinzip" bezeichnen. Nicht das Entweder-oder, sondern die immer neu zu gewinnende Balance zwischen den Polen innen und außen, der äußeren Gestalt und der gelebten inneren Überzeugung.

Auf alle stützenden Riten und Formen zu verzichten, ist letztlich genauso daneben, wie eine Religion, die nur noch aus Riten und Formen und Regeln besteht, wo aber der innere Glaube verloren gegangen ist. Gerade als katholischer Christ spüre ich da eine positive Spannung: Ich feiere und liebe die äußeren Formen, gerade in Messen und Andachten. Ich habe und suche Regeln, nach denen sich mein Alltag strukturieren und christlich gestalten lässt. Damit wird deutlich, dass wir als Menschen nie nur reine Innerlichkeit sind. Das Heilige ist auch in anderen Dimensionen des Lebens erfahrbar. Für mich persönlich ragen dabei besonders die Erfahrung von Kirchenräumen, die Feier der Eucharistie (Messe) und die Verwurzelung in einer Gemeinschaft heraus. Das sind für mich Räume, in denen innere und äußere Formen der Gottesnähe in ein wunderbares Zusammenspiel gebracht werden.

Kirchenräume

Kirchen sind für mich „heilige Orte“. Ich brauche Kirchen und habe schon so viel Kraft, Mut und Inspiration durch Besuche in diesen Räumen erfahren. Doch warum und inwiefern ist eine Kirche ein heiliger Raum? In der katholischen Überlieferung und Theologie gibt es dazu zwei wichtige Spuren: Zum einen gibt es die Überzeugung, dass eine Kirche durch die rituelle Weihe zum Haus Gottes, zu einem heiligen Ort, wird. Gott wohnt an dieser heiligen Stätte. Der Kirchenraum ist dauerhaft erfüllt von der Präsenz Gottes, also auch wenn kein Mensch darin ist.

Es gab in der Kirche dazu eine alte Rechtsregel, die besagte: Was einmal Gott geweiht wurde, das darf nie wieder einer rein weltlichen Zweckbestimmung übergeben werden. Zwar konnte diese Regel nie hundertprozentig eingehalten werden und wurde später auch gelockert; dennoch tut sich die Kirche – aus guten Gründen – bis heute schwer, wenn es darum geht, eine Kirche zu profanieren, das heißt einem weltlichen Gebrauch zu übergeben.

Durch gewisse Zeichen in der Liturgie der Kirchweihe wird dieses sehr materiell greifbare Verständnis der Weihe eines Kirchengebäudes bis heute deutlich: Bestimmte Stellen des Ortes werden mit dem heiligen Chrisam-Öl gesalbt, Weihwasser und Weihrauch kommen zum Einsatz, der Bischof betet ein feierliches Weihegebet. Auch ein bestimmtes Verhalten innerhalb einer Kirche resultiert aus diesem Verständnis: besonderes Gehen (Schreiten), kein lautes Reden, Gesten wie Kniebeuge oder Bekreuzigen.

Zudem gibt es den Gedanken, dass das gottesdienstliche Geschehen im Kirchenraum die Heiligkeit des Ortes hervorbringt. Sprich: Die heilige Handlung des Gottesdienstes und die betende Gemeinschaft machen den Ort heilig. Die Kirche ist nicht nur Haus Gottes, sondern genauso das Haus der Kirche, der Gemeinde. Demnach ist das Gebäude eher das äußere Gehäuse, vergleichbar mit einer Schutzhülle, aber die Gemeinde und die Betenden drinnen im Gebäude bilden den eigentlichen „Tempel Gottes". Insofern erbauen uns Räume, wenn wir uns erbauen lassen: *„Lasst euch als lebendige Steine zu einem geistigen Haus aufbauen"* (1. Petrus 2,5). Der Mensch erbaut sich nicht nur von innen nach außen. Er wird auch von außen nach innen auf-erbaut.

Letztlich ist es der Sinn einer Kirche, Raum für Gott, für den Kontakt mit ihm, für seine Gegenwart zu schaffen. Wie schrecklich wäre eine Welt ohne Kirchen und Kathedralen, ohne heilige Orte, die Raum schaffen für das Unverfügbare, Geheimnisvolle, Erhabene? Den stärksten literarischen Ausdruck für diese Empfindung habe ich in einem Abschnitt aus dem Bestseller „Nachtzug nach Lissabon" von Pascal Mercier alias Peter Bieri gefunden. Der folgende Textabschnitt ist im Buch eine Abiturrede des damals 17-jährigen Portugiesen Amadeu Prado; das ist der spätere Arzt und Philosoph, auf dessen Spurensuche sich der Protagonist des Romans macht. Der junge Amadeu beschreibt in der Rede seine innerste Auseinandersetzung und seinen Kampf mit seiner religiösen Erziehung, mit Gott und dem, was er an Gott nicht versteht. Trotz allen Ringens und trotz aller Rebellion dieses jungen

Menschen kann er in seiner Rede diese wunderbaren Gedanken äußern: „Ich möchte nicht in einer Welt ohne Kathedralen leben. Ich brauche ihre Schönheit und Erhabenheit. Ich brauche sie gegen die Gewöhnlichkeit der Welt. Ich will zu leuchtenden Kirchenfenstern hinaufsehen und mich blenden lassen von den unirdischen Farben. Ich brauche ihren Glanz. Ich brauchte ihn gegen die schmutzige Einheitsfarbe der Uniformen. Ich will mich einhüllen lassen von der herben Kühle der Kirchen. Ich brauche ihr gebieterisches Schweigen. Ich brauche es gegen das geistlose Gebrüll des Kasernenhofs und das Geschwätz der Mitläufer. Ich will den rauschenden Klang der Orgel hören, diese Überschwemmung von überirdischen Tönen. Ich brauche ihn gegen die schrille Lächerlichkeit der Marschmusik. Ich liebe betende Menschen. Ich brauche ihren Anblick. Ich brauche ihn gegen das tückische Gift des Oberflächlichen und Gedankenlosen."[33]

Wie gut, dass es Kirchen gibt! Räume, die anders sind als unsere Wohnzimmer und Büroräume, die eine gewisse Fremdheit mit sich bringen und rufen: Halt an! Unterbrich deine Routinen und überprüfe deine Vorurteile! Gotteshäuser sind Orte des Hörens, der passiven Haltungen wie Geduld, Stille, Warten, Entschleunigung, Gelassenheit oder Ehrfurcht. Kirchen eröffnen einen Raum der Freiheit, in dem unsere Seele aufatmen kann. Wenn vieles aus den Fugen gerät und ins Wanken gerät, verleiht der Kirchenraum Stabilität und Halt.

Der Besuch von und der Aufenthalt in Kirchen kann eine Ahnung des Heiligen und der göttlichen Präsenz vermitteln. Das wird mir immer wieder bei Führungen im Paderborner

Dom deutlich oder auch, wenn ich mit Einzelpersonen bewusst in den Dom gehe. Oft beginnt es mit der Wahrnehmung: „Hier ist irgendetwas anders. Ich fühle etwas anderes als gerade noch draußen vor der Kirche.“ Spirituell sensible Menschen können in gewissen Kirchenräumen spüren: Da ist mehr zwischen Himmel und Erde, als mein Alltagsbewusstsein für gewöhnlich wahrnimmt. Ich erlebe, dass alles Leben, Vergangenheit und Gegenwart, miteinander verbunden ist. Ich bin ein Teil dieser wunderbaren, heiligen Erde und kann darauf bauen, dass der Urgrund der Schöpfung mich bejaht.

Solche Erfahrungen zu ermöglichen, ist eine meiner schönsten Aufgaben als Pastor – anderen Menschen einen Raum des Heiligen zu eröffnen und eine Brücke in diese Räume hinein zu bauen. Auch hier geht es wieder um eine Sache des Vertrauens. Wenn Menschen in Kirchenräumen erfahren, dass wir nicht einfach von sinnloser Leere umgeben sind, geboren aus blindem Zufall, sondern dass es einen sinngebenden Anfang von allem, einen langen und wärmenden Traditionsstrom gibt, in dem wir stehen und leben, und dass unser Leben ausgerichtet ist auf ein Ziel hin, dann kann das zu einer vertrauensvolleren Lebenshaltung führen. Es macht einen großen Unterschied aus, ob das Universum für mich ein freundlicher oder ein kalter und leerer Ort ist.

Kirchenraum-Erlebnisse

Mehr aus dem Vertrauen leben, in dem ich das Heilige und Gott „livehaftig“ erfahre, dazu laden Kirchenräume ein und all die Angebote und Rituale, die in diesen ihren Platz finden.

Es erstaunt mich immer wieder, was in und durch Kirchenräume alles ausgelöst wird bei Menschen. Dabei können die Erlebnisformen sehr unterschiedlich sein: vom aufwendig geplanten Event bis zum schlichten, stillen Gebetsangebot. Ausgehend von Erfahrungen am Paderborner Dom und im Kontext der Studierendengemeinde möchte ich dazu einige konkrete Beispiele nennen:

Zu den eindrucksvollsten Erfahrungen, auch für mich ganz persönlich, gehört eine besonders musikalisch akzentuierte Abendandacht im „leeren" Paderborner Dom. Für das Musikfestival „Pueri Cantores 2019" waren temporär alle Kirchenbänke aus der Kathedrale geräumt worden, sodass im Mittelschiff des gotischen Gotteshauses ein riesiger Freiraum entstand. Unter dem Titel „Klang – Raum – Gebet" habe ich vor diesem Hintergrund an einem Abend unter der Woche ein Abendgebet mit meditativer Percussionmusik angeboten. Zwei junge Musiker hatten dazu etwa in der Mitte des Domes ein Marimbafon und ein Vibrafon aufgestellt und faszinierten die Menschen mit selten in Kirchen zu hörenden Klängen. Dazu gab es Momente der Stille und kurze Lesungen und Gebete, die den Teilnehmenden eine spirituelle Auszeit ermöglichen wollten. Die über 200 Menschen saßen auf dem Boden des Domes. Das Setting der Raumatmosphäre, der Musik, der Stille, des archaischen Hockens auf dem Boden und der gemeinsamen Gebete haben mich wirklich berührt und mir nachdrücklich gezeigt, welche Kraft der Dom in sich trägt. Der Ort „spricht" zu einem; das haben mir viele Besucher des Abends zurückgemeldet.

Um eine Wechselwirkung von Wort, Musik und Atmosphäre geht es auch bei der vom Paderborner Dompropst Joachim Göbel und mir ins Leben gerufenen Veranstaltungsreihe in der Fastenzeit „Rendezvous im Dom". Diese knüpft an die Tradition der Fastenpredigten an, widmet aber dem Kirchenraum und dem Erfahrungscharakter eine stärkere Aufmerksamkeit. Der äußere Rahmen besteht in einer etwa einstündigen Andacht an jedem Mittwochabend in der Fastenzeit. Zu dem jeweiligen Abend gehören ein eigenes Beleuchtungskonzept und unterschiedliche musikalische Stile. Neben dem Hörsinn werden weitere Sinne angesprochen. Im Hintergrund dieser Gestaltungsform steht die Erfahrung, dass die Aufmerksamkeitsgewohnheiten der Menschen sich in den letzten Jahren stark verschoben haben. Nicht zuletzt jugendpastorale Veranstaltungen wie Weltjugendtage, „Nacht der Lichter" im Taizé-Stil oder auch „Nightfever"-Messen haben gezeigt, dass ein gewisser Grad der ästhetischen Inszenierung und der atmosphärischen Performance eine Brücke zur inhaltlichen Botschaft, zur Glaubenserfahrung, darstellen kann. Explizit setzt das Format auf die Einbeziehung des konkreten Kirchenraumes. Es geht darum, die Paderborner Kathedrale neu zu erleben, zu erkunden. Daher standen bei bestimmten Abenden einzelne Orte des Domes besonders im Fokus: das Paradiesportal des Domes, der Hochchorbereich mit dem Orgelspieltisch, die Krypta.

Der Hochchor des Domes ist beispielsweise ein Ort, der sonst nur wenig zugänglich ist. Die dortige Atmosphäre wurde von vielen Teilnehmenden besonders geschätzt und die einzigartige Raumperspektive beeindruckte so manchen: „Aus dieser Perspektive habe ich unseren Dom noch nie gesehen."

Ein Abend des Formats bleibt mir bis heute in besonders positiver Erinnerung: das „Rendezvous von Duft, Licht und Klang". Zu diesem Grundgedanken habe ich mit einer Paderborner Professorin einen auf den Geruchssinn und weitere Sinne ausgerichteten Stationengottesdienst gestaltet. Zentrale Bausteine für die multisensorische Erfahrung waren der Einsatz von vier Duft-Säulen, von Laser-Lichttechnik sowie dem Verteilen von Duftkarten. Die Teilnehmenden des „Duft-Abends" im Dom erwartete beim Eintritt in den Dom zu Beginn eine Duft-Dusche mit frischen Aromen zur geistlich-belebenden Erfrischung. Die zweite Station war die Domkrypta, ein erdverbundener Ort mit fast tausendjähriger Geschichte. Hier wurde ein Duft von Moos- und Waldnoten verströmt und ein berühmtes und zentrales Wort aus der Schöpfungsgeschichte der Bibel betrachtet: *„Da formte Gott, der Herr, den Menschen aus der Erde vom Ackerboden und blies in seine Nase den Lebensodem"* (Genesis 2,7).

Immer wieder wurde den Anwesenden Zeit zur sinnlichen Wahrnehmung, zur Stille und zum Einstimmen in kurze Wechselgesänge gegeben (z. B. *„Laudate omnes gentes"* oder *„Meine Hoffnung und meine Freude"*). Im Hauptschiff des Domes hielt die Professorin eine kurze Predigt, in der sie die sinnlichen Raumerfahrungen des Abends mit der Identitätsaussage des Paulus über die Christen, dass diese Christi Wohlgeruch und ein Lebensduft für die Welt seien, verband. Es entstand Raum für ein Rendezvous von gesprochenem Wort und Sinnlichkeit, religiösem Inhalt und Erfahrung; auch dies eine Möglichkeit, dem Heiligen Raum zu geben.

Der Weg zum Heiligen über die Sinne spielt auch bei den Taschenlampenführungen eine Rolle, die ich für spezielle Zielgruppen (z. B. Studierende und Eltern von Kommunionkindern) anbiete: Dom bei Nacht. Allein die Erfahrung des dunklen, stillen Doms ohne umherlaufende Leute und andere ablenkende Eindrücke entfaltet eine besondere Wirkung. Mit der Taschenlampe kann ich dann Stück für Stück einige konkrete Bilder und Symbole beleuchten und zu einer fokussierten Betrachtung einladen. So kommen einzelne Aspekte des Raumes ganz neu zum Vorschein. Eine wichtige Station ist für mich bei diesen Führungen das über 17 Meter hohe Grabmal eines Fürstbischofs, das sich eindringlich mit der Endlichkeit des Menschen und der Hoffnung auf ein Leben nach dem Tod auseinandersetzt. Da ist zum Beispiel ein Engel mit einer Sanduhr in der Hand, der auf die nach und nach verrinnende Lebenszeit des Menschen hinweist. Oder auch die Darstellung der Vision des Propheten Ezechiel aus dem Alten Testament von der Auferweckung der Totengebeine. Die abendliche Atmosphäre im Dom sowie die Dunkelheit mit dem bloßen Licht der Taschenlampe machen es möglich, mit den Menschen sehr intensiv und tiefgründig über diese existenziellen Themen nachzudenken.

Es gibt aber auch ganz schlichte Formen, Gott „livehaftig“ im Kirchenraum zu begegnen. Das wichtigste Beispiel in diesem Zusammenhang ist für mich die tägliche stille Anbetung im Dom. Eingeführt in der ersten Phase der Corona-Pandemie, als keine öffentlichen Gottesdienste stattfinden konnten, die Kirchen aber trotzdem geöffnet waren, gibt es im Paderborner Dom jeden Tag von 17 bis 18 Uhr eine „stille Stunde". Ein Priester stellt ohne feierliche Begleitumstände eine Monstranz mit der geweihten Hostie auf den Hauptaltar des Doms und alle Anwesenden sind zu einem persönlichen, stillen Verweilen eingeladen. Äußerlich gesehen passiert also kaum etwas, aber viele Menschen spüren im schweigenden Beten vor Christus eine tiefe innere Verbundenheit und eine Präsenz des Göttlichen, so wie sie Johannes vom Kreuz mal formuliert hat: „Die erste Sprache Gottes ist die Stille."

Kirchenräume können in besonderer Weise zu Segensorten werden, also zu Räumen, in denen mir die Begleitung und der Segen Gottes in zeichenhafter Form zugesprochen werden. Das geschieht bei Trauungen und Einschulungsgottesdiensten, bei Andachten und Pilgergottesdiensten. Leben braucht Segen und Liebe braucht Segen.

Erfahrbar war das für mich immer wieder bei den Segnungsgottesdiensten zum Valentinstag, die wir von der Hochschulgemeinde angeboten haben. Am Abend des 14. Februars haben wir Paare in eine beliebte Paderborner Hochzeitskirche in der Innenstadt eingeladen, einen musikalisch und inhaltlich besonders gestalteten Gottesdienst gefeiert und am Ende die Möglichkeit zur Segnung angeboten. Da habe ich viele berührende Bilder vor Augen: vom studentischen Paar, welches erst wenige Wochen zusammen war, bis zum alten Ehepaar, das schon sechzig Jahre miteinander unterwegs war; von glücklichen Paaren bis hin zu Paaren in einer Krise. Der Moment der persönlichen Handauflegung und des freien Segensgebetes war oft sehr emotional und es flossen häufig Tränen der Rührung. Der besondere heilige Ort, an dem die Segnungen stattfanden, hat sicher viel mit diesem intensiven Angerührt-Sein zu tun.

Segen sein und Segen wirken: Das ist für mich ein tiefer Sinn von Kirchenräumen. Ich wünsche mir eine segnende Kirche, auch über die Kirchengebäude hinaus.

Eucharistie

Schließlich ist der Kirchenraum für mich zutiefst mit der Feier der Eucharistie, der Messe, verbunden. Hier geht es um die Versammlung der Gläubigen als Gemeinschaft an einem besonderen Ort. Verwurzelung und Beheimatung spielen dabei eine wichtige Rolle. Hier kommen auch die Dimensionen von innen und außen, von „Christus in mir“ und gemeinschaftlichen Ritualen zusammen. Die Liturgie der Messe und die Rituale sind das Medium, das Heilige und konkret das Leben Jesu präsent zu machen; sie können unsere Wahrnehmung für die heilende Kraft Jesu und für die Heiligkeit der Wirklichkeit schärfen. Wenn wir die Nähe Gottes liturgisch feiern, dann tun wir das eben nicht nur als historische Ereignisse, sondern als Manifestationen des Christus im Hier und Jetzt. Dabei geht es auch konkret um die Begegnung mit Christus im Sakrament, im Empfangen seines Leibes unter der Gestalt des Brotes.

Nach Paulus (vgl. 1. Korinther 11,23–26) sind es zwei Dinge, die die Abendmahlsfeier so besonders machen. Zunächst das Anteil-Erhalten, die Teilhabe; und zwar eine echte Teilhabe am Lebensschicksal Jesu, ein Hineingehen in seine Lebensspur, gewissermaßen ein Gleichzeitig-Werden mit ihm. Daraus erwächst dann aber auch die Teilhabe an dem neuen Leben, das Christus uns schenkt, die Teilhabe an seiner Freiheit, seiner Liebe.

Diese Form der Teilhabe wird zeichenhaft gut ausgedrückt im leibhaftigen Verzehr der Kommunion, im Aufnehmen des eucharistischen Brotes. Wir werden in die Christuswirklichkeit einverleibt oder wie Paulus bekanntermaßen an anderer Stelle sagt: „Christus lebt in mir."

Aus diesem Gedanken folgt ein zweiter wesentlicher Aspekt: Nicht nur wir nehmen Christus auf, sondern er nimmt uns auf und gliedert uns in seinen Leib ein, in seinen „mystischen Leib", wie es in der Theologie heißt. Und dieser Leib ist die Kirche, die Gemeinschaft der Gläubigen.

Hier kommt der Aspekt der Einheit und der Gemeinschaft deutlich zum Ausdruck. In und durch Jesus Christus werden wir alle wirklich Geschwister im Glauben, „Blutsverwandte". Zur Kirche und zum christlichen Glauben gehört immer die Gemeinschaft. „Ein Christ ist kein Christ", sagte der Theologe Tertullian bereits zu Beginn des dritten Jahrhunderts. Letztlich kann man nicht für sich allein Christ sein. Christentum funktioniert nicht als Einzelkampf. Vielleicht kann uns das noch mehr bewusst werden, gerade wenn in anderen gesellschaftlichen Bereichen die Disziplinen Einzelkampf und Egoismus weiter um sich greifen.

Mindestens zwei Menschen sollen sich für die Nachfolge Jesu zusammentun. Dieses Prinzip wird an vielen Stellen der Bibel betont. Die Evangelien beispielsweise berichten, dass Jesus seine Jünger immer zu zweit ausgesandt hat, nie allein. Jesu Nachfolger sollen Teamworker sein. Nachfolge und Verkündigung verlangen Beziehungsfähigkeit und Solidarität. Fällt einer hin, dann kann der andere ihm aufhelfen. Ist einer ratlos, dann fällt dem anderen vielleicht etwas ein. Wird einer mutlos, so kann der andere ihn aufmuntern. Von Herkunft und den Grundvoraussetzungen her sehr unterschiedliche Menschen bilden bei Jesus ein Duo. Das ist gerade dann besonders überzeugend, wenn die anderen spüren: Die da zunächst so unterschiedlich daherkommen, stehen menschlich zueinander, akzeptieren und respektieren sich gegenseitig, hören dem anderen genau zu, um ihn genau zu verstehen, lassen den anderen gelten.

Beim christlichen Gemeinschaftsprinzip geht es auch um die vertiefende Kraft des Gebetes, die in einer Gemeinschaft erfahren werden kann, eine direkte Nähe und Präsenz Jesu: *„Was auch immer zwei von euch auf Erden einmütig erbitten, werden sie von meinem himmlischen Vater erhalten. Denn wo zwei oder drei in meinem Namen versammelt sind, da bin ich mitten unter ihnen"* (Matthäus 18,19f). Die Erfahrung von Gemeinschaft ermöglicht auch konkrete gegenseitige Unterstützung und Motivation zu einem Leben nach den Werten Jesu. Das wird im Hebräerbrief wunderbar zum Ausdruck gebracht: *„Lasst uns aufeinander achten und uns zur Liebe und zu guten Taten anspornen!"* (Hebräer 10,24).

Gemeinsam beten und bitten, aufeinander achten und sich immer wieder zur Nächstenliebe und Solidarität motivieren: Das ist der Kern des christlichen Lebens und auch der Kern von Kirche. Wenn diese Dimension von Kirche deutlicher im Vordergrund stehen würde und erfahrbar wäre, könnten vielleicht auch mehr Menschen wieder einen positiven Bezug zur Kirche finden und eine Verbundenheit mit einer solchen Form von Kirche bejahen.

Gemeinschaft erfahren

Was im tiefsten Wesen zum christlichen Glauben gehört – die Gemeinschaft im Glauben und in einem bewussten christlichen Lifestyle zu leben – ist für viele zu einem großen Fragezeichen und zu einer Leerstelle geworden. Und das nicht nur in Zeiten der Pandemie und des Lockdowns, in denen Gemeinschaftserfahrungen generell Mangelware gewesen sind oder auf den digitalen Bereich verlagert werden mussten. Viele finden keinen Anschluss an eine konkrete kirchliche Gruppe, Gemeinde oder Gemeinschaft. Oft fehlen auch einfach Kontaktpersonen oder Anknüpfungspunkte. Die Frage, mit welchen Menschen ich eigentlich meinen Glauben konkret gemeinsam leben kann, wer mit mir auf dem Weg ist, ist seit Jahren ein Dauerbrenner in kirchlichen Zukunftsplänen.

Deutlich geworden ist vielfach, dass Menschen immer weniger die klassische Gemeinde vor Ort als Ankerpunkt und Heimat erleben, kirchliche Gruppen und Vereine an Strahlkraft verlieren und neue Gemeinschaftsformen wie Hauskreise, Bibelgruppen oder kleine geistliche Gemeinschaften zumindest im katholischen Bereich nur sehr vereinzelt entstehen. Zugleich wächst aber die Sehnsucht nach verlässlicher und solidarischer Gemeinschaft, nach Verwurzelung und nach Beheimatung.

Ich persönlich sehe verschiedene Möglichkeiten, im kirchlichen Kontext positive und tragende Erfahrungen von Gemeinschaft zu erleben. Dabei geht es eher um einzelne Elemente, Stützpfeiler, sich entwickelnde und auch wieder zu Ende gehende Formen, oft wohl um „Patchwork". Das Idealbild von einer dauerhaften, alle Bereiche des Lebens und Glaubens umfassenden Schicksalsgemeinschaft einer christlichen Gruppe beziehungsweise Gemeinde, wie es zum Beispiel in der Apostelgeschichte aufscheint („*Die Menge derer, die gläubig geworden waren, war ein Herz und eine Seele. Keiner nannte etwas von dem, was er hatte, sein Eigentum, sondern sie hatten alles gemeinsam*", Apostelgeschichte 4,32), kann wohl nur in sehr seltenen Fällen in konkrete Wirklichkeit umgesetzt werden.

Die erste und für mich persönlich wichtigste Form von Gemeinschaft ist die Gottesdienst- und Eucharistiegemeinschaft. Ich halte es für sehr bedeutsam, einen Ort (Kirchenraum), eine Zeit und eine Gemeinde zu finden, wo ich, zu der ich und mit der ich starke Gottesdiensterfahrungen machen und innere geistliche Gemeinschaft erfahren kann. Mittlerweile kann ich über die Internetsuche da ja einiges in Erfahrung bringen (bis zu den Namen der dem Gottesdienst vorstehenden Geistlichen). Es geht dabei sicher auch ums Ausprobieren.

Ich würde das vergleichen mit den Erfahrungen, die viele Christen während ihres gezwungenen „Umstiegs“ auf digitale Gottesdienstangebote während des Corona-Lockdowns gemacht haben. Auch da wurde gesucht, ausprobiert und schließlich haben viele ihr Lieblingsgottesdienstangebot gefunden. So wurde mir das zumindest vielfach von Gläubigen berichtet, auch von vielen Älteren, denen das digitale Ausprobieren verschiedener Orte, Gemeinden und Prediger augenscheinlich durchaus Freude gemacht hat. Einige haben am liebsten „den Papst geschaut“, andere sind im Kölner Dom oder einer anderen Kathedrale gelandet, wieder andere beim ZDF-Fernsehgottesdienst oder im Livestream der Heimatgemeinde.

Auch wenn die digitale Gottesdienstgemeinschaft sicherlich eine gute ergänzende und zeitweise alternative Form von Gemeinschaftserfahrung sein kann, halte ich die konkrete, leibliche Erfahrung von Gemeinschaft in Präsenzgottesdiensten für unersetzbar, zumal mit Blick auf die leibliche Dimension der Eucharistie mit dem Kommunionempfang.

Vielleicht ist es an der Zeit, die Suche nach dem richtigen Ort und Format noch einmal neu anzugehen: Wo fühle ich mich im Gottesdienst gut aufgehoben, angesprochen, getragen? Wo spüre ich eine innere Verbundenheit mit den anderen Mitfeiernden und gegebenenfalls dem Vorsteher der Feier? Wo finde ich gut ins Gebet und in die Erfahrung des „Christus in mir“? Das kann die Gottesdienstgemeinschaft vor Ort sein, in einer anderen Kirche in der Nähe, in einer Klosterkirche oder „Zentrumskirche“. Die Bereitschaft, sich für eine gute Gottesdiensterfahrung auf den Weg zu machen, scheint mir bei vielen suchenden Christen sehr hoch zu sein. Das habe ich immer wieder in der sonntäglichen Mittagsmesse im Paderborner Dom erlebt, wo mir viele Gläubige gesagt haben, dass sie extra aus der Umgebung und von weiter her zu dieser Messe kommen, weil sie dort eine tiefe Gemeinschaft und Gebetsatmosphäre erleben. Der bewusste Aufbruch zum Gottesdienst ist dann schon Teil der spirituellen Erfahrung und ein wichtiger Anker im Wochenplan. Es liegt auf der Hand, dass es sich bei diesen Gottesdienstgemeinschaften um sehr bunte und zusammengewürfelte Gruppen handelt: Diese teilen die Gottesdiensterfahrung miteinander, aber nicht ihren Alltag, ihr Engagement oder gar ihren Besitz. Es ist eben „nur" ein Teil, ein Stützpfeiler von Gemeinschaft, aber ein sehr wesentlicher.

Ein weiteres Element sehe ich in Gemeinschaftserfahrungen durch christliches, kirchliches Engagement, durch karitatives Handeln: gemeinsam Gutes tun und den Impuls Jesu zur Unterstützung von Schwächeren und Kranken konkret in die Tat umsetzen. Das verleiht dem eigenen Leben Sinn und verbindet mich mit anderen, die ebenfalls helfen. Die Möglichkeiten für christliches Engagement sind sehr bunt und vielfältig – von Tafeln und Suppenküchen, über Flüchtlingshilfe und Altenbesuche bis hin zu Projekten zur Schöpfungsbewahrung und der kirchlichen Jugendarbeit. Entgegen des Klischees, dass die Kirchen in Deutschland eher behäbig und verschlossen agieren, zeigt sich im Bereich Nächstenliebe, Caritas und Jugendarbeit eine äußerst vitale und einsatzfreudige Kirche. Das beginnt mit Projekten vor Ort und reicht dann bis zu internationalen Hilfsaktionen und Initiativen.

In der Corona-Pandemie sind weitere kreative, solidarische Aktionen ins Leben gerufen worden. Dabei gab und gibt es sicher viele Verschiedenheiten: Einige kirchliche Akteure haben die Krise genutzt, ihre besten Seiten zu zeigen und sich bis an die Grenzen der Belastbarkeit eingesetzt und engagiert. Manche Gemeinden und pastorale Akteure wie Priester oder Pastoralreferentinnen sind aber leider in den Hochzeiten der Pandemie auch „abgetaucht". Wenn gefragt wird „Wo wart ihr als Kirche in der Krise?" verweise ich auf die vielen positiven Beispiele vor Ort.

Was der Kirche allerdings generell angekreidet werden muss, ist, dass sie sich in der ersten Phase der Pandemie, im Frühjahr 2020, nicht stärker dafür eingesetzt hat, dass kein Mensch in Krankenhäusern und Altenheimen allein sterben muss. Es war ein Skandal, dass zeitweise – auch in kirchlichen Einrichtungen – die engsten Angehörigen einen Sterbenden nicht mehr sehen durften.

Beim Thema „Gemeinschaft durch Handeln" ist es für den Einzelnen wichtig, zunächst gut wahrzunehmen, für wen das eigene (soziale) Herz schlägt, wohin mich die Nächstenliebe zieht: Einsatz für arme, alte oder bedürftige Menschen, Projekte für Schöpfung und Tierwohl, Aktionen für junge Menschen wie Ferienlager oder offene Jugendarbeit. Gemeinsames Engagement schweißt jedenfalls zusammen und bildet so auch christliche Gemeinde und Gemeinschaft.

Für viele ist das karitative Handeln ein erster Schritt hinein in den Raum von Kirche und Gemeinde, noch lange bevor Gottesdienste oder andere konkrete spirituelle christliche Angebote eine Rolle spielen.

Für diejenigen, die ein „Mehr" an christlicher Spiritualität und kirchlicher Gemeinschaft suchen, können Formen wie Spiritualitätsgruppen, Meditationskreise oder Weggemeinschaften hilfreich sein. Das sind dann kleine Zellen, die von verlässlichen Zusammenkünften (z. B. jede Woche oder alle vier Wochen) und einem intensiven geistlichen Austausch leben. Im Mittelpunkt steht oft ein bestimmtes Element der christlichen Spiritualität: das Wort Gottes (Bibelkreise), die eucharistische Anbetung, die christliche Schweige-Meditation (Kontemplation), Glaubensthemen (Glaubenskurse, Familienkreise). Auch das Anteilnehmen und Anteilgeben am Leben der Gruppenmitglieder bildet eine wichtige Komponente, indem z. B. zum Beginn eines Treffens jeder von dem berichtet, was ihn oder sie gerade umtreibt, was er oder sie an Schönem oder auch Schwierigem erlebt hat. Zum Abschluss der Versammlung können konkrete Handlungsimpulse gesammelt werden, die den Alltag der nächsten Woche prägen sollen. Im besten Fall finden Menschen in solchen Gruppen eine echte geistliche Heimat und eine tragende Verwurzelung.

Ich möchte jedoch auch darauf hinweisen, dass solch kleinere Gruppen manchmal leider dazu neigen, moralischen Druck und Sozialkontrolle auf das Leben der Mitglieder auszuüben. Hier gilt es wachsam zu sein und, wenn nötig, die Gruppe zu verlassen.

Trotz dieser Gefahren sehe ich in kleinen christlichen Zellen und Gruppen einen wichtigen Marker für die Zukunft des christlichen Glaubens in unseren Breiten. Es braucht konkrete und vitale Netzwerke und Unterstützungssysteme, damit der eigene Glaube weiter wachsen und Kraft entfalten kann. Jeder von uns braucht Mitstreiterinnen und Mitstreiter. Wir dürfen und sollen uns aktiv Verbündete suchen. Hier helfen vielleicht auch die digitale Vernetzung und die in Corona-Zeiten unternommenen Versuche von spirituellen Video-Meetings und geistlichem Austausch via Bildschirm.

Die urchristliche Einsicht bleibt auch heute gültig: Ein Christ ist kein Christ. Darin liegt für mich letztlich auch die große Bedeutung der Kirche und einer konkreten Einbindung in diese – trotz aller Schwächen und dunklen Schatten. Ich würde mir wünschen, dass jeder seinen persönlichen Platz in der Kirche findet und damit in einen Raum eintritt, in dem er oder sie Heiliges und Heilendes findet und selbst Hüter beziehungsweise Hüterin des Heiligen wird.

10. Das Abenteuer Glaube gestalten

Das Christentum ist nach meinem Verständnis zutiefst eine Religion des Aufbruchs. Das mutige Aufbrechen und Sich-auf-den-Weg-Machen gehören zu den Grundpfeilern der Bibel und Christen. Glaube ist demnach kein fertiger und fester Zustand, sondern eher eine große spirituelle Reise. Papst Franziskus hat das in einem Interview zum Beginn seiner Amtszeit sehr schön so ausgedrückt: „Unser Leben ist Gehen, Wandern, Tun, Suchen, Schauen… Man muss in das Abenteuer der Suche nach der Begegnung eintreten und in das Sich-suchen-Lassen von Gott, das Sich-begegnen-Lassen mit Gott. […] Daher begegnet man Gott beim Gehen, auf dem Weg. Daher weißt du nie, wo und wie du ihn triffst. Nicht du fixierst Zeiten und Orte der Begegnung mit Ihm. Man muss daher die Begegnung erkennen, ausmachen. Dafür ist die Unterscheidung grundlegend."[34]

> *Sich dem göttlichen Lebensfluss anvertrauen. Darin besteht für mich das Abenteuer Glaube.*

In diesem Buch haben wir nun eine kleine spirituelle Reise miteinander angetreten. Ich wollte dich gerne mitnehmen auf eine Reise des Vertrauens und ins Vertrauen hinein. Glaube bedeutet Vertrauen und hat damit – wie an vielen Stellen des Buches deutlich geworden ist – einige Ähnlichkeiten mit zwischenmenschlichen

Beziehungen. Eine echte Freundschaft oder eine verlässliche Partnerschaft ist ja auch immer eine Sache des Vertrauens. Und es gibt verschiedene Zeiten und Phasen im Glaubens- wie auch im Beziehungsleben. Es gibt die Routine und den Alltag, aber immer wieder auch Highlights, die sich ins Herz und in die Seele brennen. Der Glaube kennt Hochphasen und eben auch die routinierte Alltäglichkeit. Das ist wie bei einer Pilgerwanderung: Da sind die Momente auf den Gipfeln mit einem grandiosen Ausblick und dem vor Freude pochenden Herzen, aber auch die längeren Strecken der Anstrengung und Eintönigkeit, wo es einfach darum geht, Kilometer zu machen. Ich hoffe, dass bei all den verschiedenen Glaubenserfahrungen, die ich geschildert habe – aus der Bibel und „mitten aus dem Leben" –, die Wahrheit nicht aus dem Blick geraten ist, dass das Abenteuer Glaube immer auch eine starke alltägliche Komponente hat, die ganz und gar nichts Schlechtes ist. Der Glaube wird im besten Falle eine alltägliche Haltung, die nicht immer auf spektakuläre Gipfelerfahrungen schielt, sondern die die tagtäglichen Aufgaben und Erlebnisse vertieft und zu einem vertrauensvollen Annehmen der konkreten Lebenswirklichkeit führt.

In der Mitarbeit im Hospiz habe ich den Ausspruch kennengelernt: „Du kannst dein Leben nicht verlängern, nur vertiefen." Auf den Glauben übertragen heißt das: Dein Leben wird durch den Glauben nicht spektakulärer, sondern tiefgründiger. Ein innerer Strom beginnt zu fließen, ein leiser Rückenwind trägt dein Leben und du wirst mit der Zeit immer achtsamer für Gottes Führung und Wirken in deinem Leben, auch im „grauen“ Alltag. Dein Leben kann rund werden, weil du weißt, dass alles mit Gott in Verbindung steht und in ihm aufgehoben ist: das Schöne, das Gute, das Banale, das Erfüllende, das Schmerzliche und das Schiefe.

Zur inneren Glaubenshaltung, zum christlichen Vertrauen, gehören zwei Seiten. Die eine Seite heißt „wahrnehmen und empfangen“: Glauben kann ich nicht machen, ich werde vielmehr geführt, geleitet, geliebt und „durchbetet“. Kernaufgabe aller guten Spiritualität ist es, zu lernen, wie wir mit dem kooperieren können, was Gott längst tun will und bereits zu tun begonnen hat, wenn auch vielfach im Alltäglichen oder Verborgenen. Wir sind wie Instrumente, Stimmgabeln, Leitungsrohre und Empfangsstationen. Eine gläubige Haltung einzunehmen bedeutet, eine Stimmgabel anzuschlagen. Und dann zu horchen, wahrzunehmen und den inneren Tönen Resonanz zu geben. Glaube bedeutet Resonanz, Widerhall. Sobald man eingestimmt ist, wird man etwas empfangen.

Die andere Seite heißt „aufbrechen und loslegen“. Dazu gehört, immer wieder neu ein inneres „Ja“ zu Gott beziehungsweise Jesus zu sprechen und ihm zuzugestehen, das eigene Leben prägen zu dürfen. Es ist wichtig, ihm einen Raum im eigenen Herzen und Leben zu sichern, seinen Willkommensruf „Kommt und seht“ wirklich anzunehmen. Dann beginnt auch das „Loslegen“, der jeweils eigene Versuch, das Reich Gottes ein klein wenig mehr Wirklichkeit werden zu lassen und damit auch die Werte, für die Jesus gelebt und gekämpft hat: Barmherzigkeit, Versöhnung, Solidarität mit den Leidenden, Rettung aus inneren und äußeren Zwängen und Versklavungen. Denn spüre ich eine sichere Verbindung zu Gott, kann ich eben auch bestimmte Werte mutiger leben und mich in diesem Sinne engagieren. Das ist wieder wie bei einer Partnerschaft: Wenn ich weiß, dass ich von meinem Partner gehalten bin und ein verlässliches Vertrauensverhältnis besteht, dann kann ich auch im Umgang mit anderen gelassener, freier und mutiger agieren. Ich weiß: Ich bin „safe", ich bin gehalten.

Frucht bringen

Wie jede Reise braucht auch die spirituelle eine Zielperspektive, eine Vision. Folgt man der Spur Jesu lautet diese Vision: „Frucht bringen." So lautet die Bestimmung für seine Freunde und Nachfolgerinnen: *„Ich habe euch dazu bestimmt, dass ihr euch aufmacht und Frucht bringt und dass eure Frucht bleibt"* (Johannes 15,16). Jesus sendet uns nicht, dass wir viel leisten, sondern damit wir reiche Frucht bringen.

Es ist schön, dass Jesus für seine Lebensvision einen Begriff aus der Natur wählt, einen, der mit Wachstum, Reifen, Achtsamkeit und Ausdauer zu tun hat. Er wählte kein technisches oder bürokratisches Leitwort. Fruchtbarkeit und Frucht-Bringen achten auf die Würde eines jeden Geschöpfs. Leistung im Vergleich dazu geht oft auf Kosten der Natur und auch der Gesundheit.

In den letzten Jahren haben wir die bittere Entdeckung machen müssen, wie sehr eine Leistungsgesellschaft die Erde vergewaltigt und „Mutter Natur" über ihre Grenzen hinaus ausgebeutet hat. Auch auf der persönlichen Ebene haben Menschen sich zu sehr verausgabt; einige sind ausgebrannt. In eindringlichen Worten hat Papst Franziskus darauf bei seiner denkwürdigen „Corona-Andacht" im März 2020 auf dem leeren Petersplatz hingewiesen:

„In unserer Welt, die du noch mehr liebst als wir, sind wir mit voller Geschwindigkeit weitergerast und hatten dabei das Gefühl, stark zu sein und alles zu vermögen. In unserer Gewinnsucht haben wir uns ganz von den materiellen Dingen in Anspruch nehmen und von der Eile betäuben lassen. Wir haben vor deinen Mahnrufen nicht angehalten, wir haben uns von Kriegen und weltweiter Ungerechtigkeit nicht aufrütteln lassen, wir haben nicht auf den Schrei der Armen und unseres schwer kranken Planeten gehört. Wir haben unerschrocken weitergemacht in der Meinung, dass wir in einer kranken Welt immer gesund bleiben würden."[35]

Daher scheint mir gerade für die Zukunft wichtig zu sein, die Vision eines schöpfungsbewahrenden und fruchtbaren Lebens und Lebensstiles neu zu stärken und wachzuhalten.

Ein Zeichen dafür, dass du auf dem Weg des Frucht-Bringens bist, ist daher ein gewisser Einklang mit deinen persönlichen Kräften, ein Einklang mit der Schöpfung und den Mitmenschen. Diese große Vision gilt es täglich zu gestalten: „In dir will etwas wachsen, lass es nur zu; das göttliche Leben will in dir fließen und du weißt nicht, woher es kommt und wohin es geht. Vertraue dich dem göttlichen Lebensfluss an." Darin besteht für mich das Abenteuer Glaube.

Diese Vision hat auf der einen Seite eine starke persönliche Note. Ich habe davon schon zu Beginn des Buches gesprochen. Der Glaube richtet sich an das Du, an das konkrete und persönliche Du. Er ist zunächst eine Sache zwischen dir und Gott. Und zwar eine Sache des Vertrauens. Dafür möchte ich auch am Ende des Buches noch einmal besonders werben. Es geht immer zunächst darum, ob der einzelne Christ bereit ist, die Beziehungs- beziehungsweise Freundschaftsanfrage von Jesus (Gott) anzunehmen und sich seiner Lebensvision anzuvertrauen: Leben in Fülle und Fruchtbarkeit.

Entscheidend dafür ist, dass der Einzelne spirituell hungrig und „in Touch" mit Jesus bleibt. Wenn du bei und „in" Jesus bleibst, lernst du, kreativ und originell mit Gott auf dein Leben zu blicken. Das gilt für alle Bereiche des Lebens: unser familiär-privates Leben, den Freizeitbereich, unser Engagement und auch den beruflichen Kontext. Gerade Letzteres wird häufiger vergessen. Aber der Glaube möchte konkret und alltagsrelevant sein. Daher gehören auch die folgenden Fragen zum Abenteuer Glaube: Was sagt mir Jesus eigentlich für meinen Beruf? – Noch einmal Kraft und Liebe investieren? Noch einmal eine Bewerbung schreiben? Mir noch einmal neu vornehmen, dem Kollegen eine echte Chance zu geben? Noch einmal allen Mut zusammennehmen und der Chefin das Nötige sagen? Oder auch: Such dir Hilfe! Mach mal Pause! Zu Jesus „Ja" zu sagen, bedeutet auch: Jesus darf mitreden – im Beruf, in der Familie, in der Freizeit.

Auf der anderen Seite kommt beim Thema der Visionen und dem Ziel des Glaubens auch noch einmal die Frage nach der Kirche, der Glaubensgemeinschaft in den Fokus. Der Glaube hat immer eine gemeinschaftliche Dimension: Ein Christ ist kein Christ.

Zu Beginn des Buches habe ich aufgezeigt, dass für viele Menschen die konkrete Situation der Kirche eher ein Hindernis für ein Leben aus dem Glauben ist. Ihr Vertrauensverlust berührt vielfach auch das Vertrauen in die Botschaft des Evangeliums. In den Medien wird diskutiert, ob die Kirche überhaupt noch zu retten sei. Was ist vor diesem Hintergrund meine Vision für die Kirche, wie könnte die Kirche neu vertrauenswürdig werden? Was ist meine persönliche Meinung dazu? Auch hier gilt es aus meiner Sicht, die jesuanischen Visionen vom Leben in Fülle und vom Frucht-Bringen ins Spiel zu bringen. Diese sind Zweck und Ziel der Kirche.

Der Markenkern der Kirche besteht für mich darin, den Menschen (Er-)Lösung und Entlastung anzubieten, heilsame Erfahrungen. Dazu müsste sich die Kirche auf ihr „Kerngeschäft" besinnen und eine spirituelle Wende vollziehen. Das hieße zugleich, dass sie sich nicht weiter bloß in Struktur- und Kulturfragen (z. B. Wer „darf" was in der Leitung der Kirche und in der Liturgie? Oder: Welche Formen von partnerschaftlichem Zusammenleben sind kirchlich „erlaubt"?) verheddert. Ich würde mir wünschen, dass in unserer und meiner Kirche Menschen zu einer persönlichen Begegnung mit Jesus Christus verholfen wird, zu einer tiefen und intensiven religiösen Erfahrung. Dass Menschen in der Kirche den

Mehrwert des Evangeliums erfahren können, nämlich einen Glauben, der über menschliche Möglichkeiten hinaus bzw. genau in ihnen Befreiung, Entlastung, (Er-)Lösung schenkt.

Diese Erfahrungen hängen für mich eng zusammen mit der Feier von Gottesdiensten, heilsamen Ritualen und Sakramenten – außerdem mit Angeboten zur persönlichen (geistlichen) Begleitung von Menschen. In beiden scheint auch die therapeutische Dimension des Glaubens auf, die ich in diesem Buch anhand der Heilungserzählungen im Neuen Testament und der Fragen Jesu skizziert habe: der Glaube als heilende Ressource.

Liebevoll und würdig gefeierte Gottesdienste (z. B. bei Beerdigungen oder Taufen) sind für mich jedenfalls einer der wichtigsten Pfeiler für die Zukunft der Kirche; nicht so sehr Sonderevents und alle möglichen neuen missionarischen Versuche, sondern das treue und verlässliche Begleiten von konkreten Menschen in rituell und ästhetisch ansprechenden Formen, das Segnen von Menschen und natürlich auch das persönliche Gespräch. Die kirchlichen Akteure müssen aus meiner Sicht Spezialisten für Spiritualität und Gespräche sein.

Zum Gespräch gehört natürlich auch der Austausch mit denjenigen Kirchenmitgliedern oder suchenden Menschen, die nicht in die Kirche oder zu spirituellen Angeboten kommen, die der Kirche kritisch gegenüberstehen.[36]

Schließlich ist für mich die Kirche auch ein großes Netzwerk: Sie kann Menschen, Gruppen und Ideen auf lokaler wie auf größerer Ebene miteinander vernetzen. Auch das ist ein Weg des Frucht-Bringens, der besonders im sozialen Handeln der Kirche und im Einsatz für Humanität und Nächstenliebe zum Tragen kommt.

Leben in Fülle

Vor diesem Hintergrund bin ich davon überzeugt, dass die Kirche noch zu retten ist, dass in der Kirche weiterhin Potenzial steckt. Menschen in ihren alltäglichen Sorgen und Nöten zu helfen, anderen das Leben zu erleichtern und ihnen in schweren Zeiten Hoffnung und Trost zu spenden – dieser von Jesus gelegten Spur lohnt es zu folgen. Die Perspektive Jesu vom „Leben in Fülle" hat dabei einen offenen Horizont, sie beginnt im konkreten Alltag „mitten im Leben", mit jedem vertrauensvollen Einlassen auf Jesus und jedem daraus folgenden befreienden und tröstendem Handeln. Sie geht schließlich über in die Hoffnung auf eine Erfüllung des Lebens über das Hier und Jetzt, ja über den Tod hinaus. Darin liegt die tiefgründigste Vision des christlichen Glaubens und Vertrauens: dass das hier noch nicht alles ist.

Gerade für diese Hoffnung braucht es die Kirche und Jesus-Vertraute. Als Christ vertraue ich darauf, dass wir Menschen aus einem Licht und einer Liebe kommen und einmal wieder in sie zurückgehen. Wir kommen nicht aus dem Nichts, sind kein bloßes Zufallsprodukt und wir fallen im Tod auch nicht in eine unendliche Leere. Vielmehr hoffe ich, dass das Wesentliche, alles Gute unseres Lebens nicht verloren geht, sondern aufgehoben und vollendet wird in der einen großen Liebe, die Gott selbst ist. Am Ende steht nicht die Leere, sondern ein lichtreicher „Ort". Ein Ort der Geborgenheit, Begegnung und Beheimatung. Die manchmal rastlose Suche kommt an ein Ende. Das Stückwerk fügt sich zu einem neuen Bild und Kunstwerk, die Schleier fallen (vgl. 1. Korinther 13,9–13).

Die großartige Vision des christlichen Glaubens von einer bleibenden Frucht, von einem unzerstörbaren, „ewigen" Leben ist nicht ohne Vertrauen denkbar und damit schließt sich der Kreis dieses Buches. Meine Lieblingsworte Jesu in der Bibel *„Habt Vertrauen. Ich bin es. Fürchtet euch nicht"* (Matthäus 14,27) beziehe ich auch auf diese endgültige Hoffnung. Jesus rettet die verängstigten Jünger auf dem dunklen, stürmischen See bezeichnenderweise am frühen Morgen. In vielen Texten der Bibel ist der frühe Morgen, das Morgengrauen, die Stunde der Gotteserfahrung, des rettenden Handelns Gottes, der Auferstehung. Man denke nur an den Ostermorgen, als die Frauen am leeren Grab von der Rettung des ermordeten Jesus von Nazaret aus dem Tod erfahren durften. In einer Ostererzählung heißt es auch: *„Als der Morgen dämmerte, stand Jesus am Ufer"* (vgl. Johannes 21,4).

Im ersten Licht sehe ich die Gestalt dieses Jesus am Ufer stehen. Ein Du! Und ich werde an ein Ufer treten, das zu betreten mir der Auferstandene Mut macht. Wir können wirklich gespannt sein. Christlich leben bedeutet auch dem neuen Ufer entgegen zu leben – ohne Angst –, mit einer großen Portion Vertrauen. Hab Vertrauen – bis zum Morgengrauen!

Danke!

Dass ich mein Leben und meinen Glauben als „Sache des Vertrauens“ annehmen, verstehen und gestalten kann, habe ich neben dem immer wieder überraschenden und geheimnisvollen „Vertrauensvorschuss“ Gottes auch ganz entscheidend bestimmten Menschen zu verdanken, die mich auf meiner Lebensreise begleitet haben.

So danke ich all denen von Herzen, die mir das Vertrauen ins Leben nahegebracht und vorgelebt haben und denen, die mir den Zugang zum christlichen Glauben erschlossen und immer wieder geholfen haben, Hindernisse zu überwinden: meinen Eltern und meinem Bruder, den Castroper Jungs, meinen (Studien-)Freunden und den prägenden Priestern und geistlichen Begleiterinnen.

Besonders möchte ich aber auch denen danken, die mir als Seelsorger vertraut haben und vertrauen, weil sie durch ihren Vertrauensvorschuss, über den ich immer neu staunen kann, mein eigenes Vertrauen bestärkt und lebendig gehalten haben: hier denke ich besonders an die Studierenden in der Hochschulgemeinde und viele einzelne Menschen aus dem Kontext der Seelsorge am Paderborner Dom.

Literaturverzeichnis

1 Verena Friederike Hasel in: DIE ZEIT, 14/2018, S. 58.

2 Vgl. z. B. Detlef Pollack: „Der religiös-kirchliche Traditionsabbruch seit den 1960er-Jahren in Westdeutschland. Religionssoziologische Analysen und Vorschläge für das kirchliche Handeln", in: Detlef Pollack, Gerhard Wegner (Hg.): *Die soziale Reichweite von Religion und Kirche. Beiträge zu einer Debatte in Theologie und Soziologie*, Würzburg: 2017, S. 183–214, hier: 201f.

3 Siehe Ausgabe des SPIEGEL 21/2021.

4 Vgl. dazu z. B. die Zusammenfassung und Auswertung fundierter Studien zum Thema Kirchenbindung und Kirchenaustritt im Buch „Kirchenaustritt – oder nicht?", herausgegeben von Markus Etscheid-Stams, Regina Laudage-Kleeberg und Thomas Rünker, Herder, Freiburg, 2018.

5 Diese Einschätzung vertrat schon vor über 10 Jahren u. a. der Publizist sowie Politik- und Wirtschaftsberater Horst Opaschowski, der ein Institut für Zukunftsforschung in Hamburg gegründet hat. Der „STERN" spitzte seine Aussagen so zusammen: „Familie ersetzt die Kirche"; vgl. *https://www.stern.de/panorama/gesellschaft/gesellschaft-familie-ersetzt-die-kirche-5708030.html*; eingesehen am 10.08.2021.

6 Vgl. „Warum Freunde so wichtig im Leben sind", *https://www.vdk.de/deutschland/pages/themen/artikel/social/artikel/66151/warum_freunde_so_wichtig_im_leben_sind?dscc=ok*; eingesehen am 10.8.2021.

7 Domradio.de: Interview mit Dr. Wolfgang Krüger – „Ein großer Wert", 7.3.2018: *https://www.domradio.de/themen/soziales/2018-03-07/psychologe-wolfgang-krueger-darueber-warum-freunde-therapien-ueberfluessig-machen-koennen*; eingesehen am 10.08.2021; vgl. auch *https://www.ardaudiothek.de/episode/neugier-genuegt-redezeit/plaedoyer-fuer-die-freundschaft-wolfgang-krueger/wdr-5/91722758*; abgerufen am 10.8.2021.

8 Ein wunderbares Buch über Freundschaft, welches auch die religiösen Hintergrundmotive mit bedenkt, hat der aus dem Erzbistum Paderborn stammende Priester und Professor für Fundamentaltheologie Joachim Negel geschrieben: „Freundschaft. Von der Vielfalt und Tiefe einer Lebensform", Herder, Freiburg, 2019.

9 Vgl. z. B Deutschlandfunk: Interview mit Matthias Horx: „Gerade Pandemien haben zu sozialen Veränderungen geführt", 29.12.2020, *https://www.deutschlandfunk.de/gesellschaft-und-corona-gerade-pandemien-haben-zu-sozialen.694.de.html?dram:article_id=489992*; eingesehen am 10.8.2021.

10 Motto des zweiten Teils „Nur eine Rose als Stütze" ihres gleichnamigen ersten Gedichtbands von 1959.

11 Vgl. Katholisch.de: Thomas Spang: „Jesus-Serie ‚The Chosen' sorgt für Furore", 31.7.2020, *https://www.katholisch.de/artikel/30767-jesus-serie-the-chosen-sorgt-fuer-furore*; eingesehen am 10.08.2021.

12 Vgl. Sherry A. Weddell: Echte Jünger ausbilden, D+D Medien, 2020, S. 47.

13 Vgl. zum Setting „Erfahrungen eines Theologen auf Festen und Feiern" die unterhaltsamen und zugleich theologisch tiefsinnigen Gedanken von Robert Mucha in

seinem Buch „Nicht schon wieder Zölibat. 10 Fragen, die man als Theologe am häufigsten hört – und Antwortversuche darauf“, Bonifatius, Paderborn, 2019.

14 Vgl. Tomáš Halík: „Mit der Hypothese Gott – oder ohne sie“, in: ders., Anselm Grün, Winfried Nonhoff (Hg.): *Gott los werden? Wenn Glaube und Unglaube sich umarmen*, Vier Türme-Verlag, Münsterschwarzach 2016, S. 57–83, hier: S. 57f.

15 Siehe z. B Martin Schleske: Herztöne. Lauschen auf den Klang des Lebens, adeo, Asslar, 2016.

16 Dietrich Bonhoeffer: „Gott zu dir rufe ich“, in: Christian Gremmels, Eberhard Bethge, Renate Bethge (Hg.) in Zusammenarbeit mit Ilse Tödt: *Widerstand und Ergebung*, DBW Band 8, Gütersloher Verlagshaus, Gütersloh, 1998, Seite 204f.

17 Siehe: *https://stundenbuch.katholisch.de*

18 Dietrich Bonhoeffer in: Otto Dudzus, Jürgen Henkys (Hg.) in Zusammenarbeit mit Sabine Bobert-Stützel, Dirk Schulz und Ilse Tödt: *Illegale Theologenausbildung: Finkenwalde 1935-1937*, DBW Band 14, Gütersloher Verlagshaus, Gütersloh, 1996, Seite 144f.

19 Vgl. auch die evangelische Tradition der Tageslosungen, also einige wenige Worte aus der Bibel für jeden Tag. Diese Spiritualitätspraxis geht auf die „Herrnhuter Brüdergemeine“ zurück, *https://www.losungen.de*

20 Vgl. Michael Casey: Fremd in der Stadt. Glaube und Werte in der Regel des heiligen Benedikt, St. Ottilien, 2009.

21 Fast alle Übersetzungen sind mittlerweile auch im Internet abrufbar; vgl. z. B das Projekt „BibleServer“, *www.bibleserver.com*. Für die regelmäßige Lektüre ist aber natürlich die klassische Buchform durchaus zu empfehlen, weil sie vor Ablenkungen im Online-Modus bewahrt.

22 Wie sich durch Hinzuziehung der Erkenntnisse der Bibelwissenschaftlich selbst „harte Brocken“ der Bibel wie z. B die sog. Offenbarung des Johannes entschlüsseln und verstehen lassen, zeigt meiner Ansicht nach wunderbar der Münchener Neutestamentler Robert Mucha in seinem Buch „Rätselhafte Offenbarung – Das schwierigste Buch der Bibel entschlüsselt“, Katholisches Bibelwerk, Stuttgart, 2021.

23 Nennen möchte ich an dieser Stelle das Projekt „Worthaus“, *https://worthaus.org/*, welches in vielen Videos von unterschiedlichen Referenten versucht, einen unverstellten Blick „auf die biblischen Texte, die christlichen Traditionen und nicht zuletzt auf den Mann zu gewinnen, an dessen Geburt sich nicht nur die Zeitrechnung der westlichen Welt orientiert“.

24 Ermes Ronchi: Die nackten Fragen des Evangeliums, Neue Stadt, München, 2018, S. 12.

25 Ebd.

26 Simon Peng-Keller: Kontemplation. Einübung in ein achtsames Leben, Kreuz, Freiburg, 2021, S. 84f.

27 Papst Benedikt XVI.: Enzyklika „Deus caritas est“ (2005), Nr. 1, *https://www.vatican.va/content/benedict-xvi/de/encyclicals/documents/hf_ben-xvi_enc_20051225_deus-caritas-est.html*, abgerufen am 10.8.2021

28 Vgl. u.a. Richard Rohr: Das wahre Selbst. Werden, wer wir wirklich sind, Kreuz, Freiburg, 2013.

29 Katholisches Gesangbuch „Gotteslob“, Nr. 421.

30 Zu einem tieferen Verstehen des Vaterunser-Gebets haben mich die Einsichten und Perspektiven des Karmeliter-Paters Reinhard Körner begleitet: „Das Vaterunser. Spiritualität aus dem Gebet Jesu", St. Benno, Leipzig, 2002. Das gilt auch für die Interpretation der Vergebungsbitte.

31 Vgl. *https://www.kirche-und-leben.de/artikel/umfrage-corona-laesst-glaeubige-noch-mehr-glauben; https://www.zeit.de/gesellschaft/2021-03/glaube-deutschland-religion-sinnsuche-corona-pandemie*; eingesehen am 17.8.2021.

32 Vgl. Eugen Biser: Der unbekannte Paulus, Patmos, Düsseldorf, 2003.

33 Pascal Mercier: Nachtzug nach Lissabon, Btb in der Verlagsgruppe Penguin Random House, München, 2004, S. 198.

34 Antonio Spadaro im Interview mit Papst Franziskus, *https://www.herder.de/stz/online/das-interview-mit-papst-franziskus-teil-2/*; eingesehen am: 10.8.2021.

35 Urbi et orbi: Besondere Andacht zur Zeit der Epidemie: *https://www.vatican.va/content/francesco/de/messages/urbi/documents/papa-francesco_20200327_urbi-et-orbi-epidemia.html*; abgerufen am: 17.8.2021.

36 Vgl. dazu die Vorschläge von Erik Flügge in seinem mit David Holte herausgebrachten Buch: „Eine Kirche für viele. Statt heiligem Rest", Herder, Freiburg, 2018.